北京市宣传文化高层次人才培养资助项
北京师范大学教育学一流学科培优项目

A PRELIMINARY STUDY ON HIGHER EDUCATION
INSTITUTION GOVERNANCE
Analyzing the Modernization of Internal
Governance System and Governance Capacity

高等院校治理初论
内部治理体系与治理能力现代化分析

周海涛◎著

科学出版社
北　京

内 容 简 介

本书聚焦高等院校内部治理体系与治理能力现代化分析，致力于深入剖析高等院校治理问题、系统思考内部治理机理、提炼能力建设规律。全书共包括七章，分别论述高等院校治理的基本问题、理念定位与目标引领、机制设计与组织创新、规划统筹与战略塑造、能力建设与行为变革、教师发展与人才服务、氛围营造与文化传承。

本书从理论与实践的结合上对如何提升高等院校治理能力水平作了初步分析，对于深化综合改革、推进整体优化、加速高等院校治理现代化具有直接参考价值，可供教育行政部门管理者，高校管理者、师生，以及高等教育相关领域的研究者参阅。

图书在版编目（CIP）数据

高等院校治理初论：内部治理体系与治理能力现代化分析/周海涛著. —北京：科学出版社，2024.3
ISBN 978-7-03-078342-4

Ⅰ.①高… Ⅱ.①周… Ⅲ.①高校管理—研究 Ⅳ.①G647

中国国家版本馆CIP数据核字（2024）第065794号

责任编辑：孙文影 高丽丽/责任校对：何艳萍
责任印制：赵 博 /封面设计：润一文化

科 学 出 版 社 出版
北京东黄城根北街 16 号
邮政编码：100717
http://www.sciencep.com
北京建宏印刷有限公司印刷
科学出版社发行 各地新华书店经销
*
2024年3月第 一 版 开本：720×1000 1/16
2025年1月第二次印刷 印张：13
字数：228 000
定价：99.00元
（如有印装质量问题，我社负责调换）

目　录

绪　论　加强高等院校治理理论建设的目标和责任…………………………1

第一章　高等院校治理的基本问题……………………………………………5
　　第一节　高等院校治理的概念源流……………………………………6
　　第二节　高等院校治理的基本要义……………………………………20
　　第三节　高等院校治理的战略使命……………………………………26

第二章　高等院校理念定位与目标引领………………………………………33
　　第一节　以立德树人铸魂育人…………………………………………34
　　第二节　以自立自强繁荣学术…………………………………………39
　　第三节　以"四为"服务支撑发展………………………………………49

第三章　高等院校机制设计与组织创新………………………………………61
　　第一节　持续改进的人才培养机制……………………………………62
　　第二节　全面优化的科学研究机制……………………………………69
　　第三节　有分有合的组织管理机制……………………………………79

第四章　高等院校规划统筹与战略塑造………………………………………91
　　第一节　高等院校未来发展的重点走向………………………………92
　　第二节　学科建设的典型模式和基本策略……………………………98
　　第三节　学校塑造治理创新优势的战略路径…………………………109

第五章　高等院校能力建设与行为变革 ·· 121
　　第一节　强化本科教学质量保障能力建设 ································· 122
　　第二节　优化学科建设路径 ·· 130
　　第三节　提升内部治理能力水平 ·· 144

第六章　高等院校教师发展与人才服务 ·· 153
　　第一节　扩大教师发展管理自主权 ··· 154
　　第二节　高校教师建设的关键内涵 ··· 162
　　第三节　优化教师引育服务链 ··· 169

第七章　高等院校氛围营造与文化传承 ·· 177
　　第一节　担当社会责任的文化使命 ··· 178
　　第二节　促进创新发展的文化生态 ··· 185
　　第三节　蓄积教育共同体的文化土壤 ······································ 192

后记 ·· 202

绪 论
加强高等院校治理理论建设的目标和责任

实现高等院校治理现代化,首要的是治理思维、治理逻辑、治理哲学的现代化。相比高等院校教学的单向改革、局部改进,或许依靠"见山是山,见水是水"的具体经验就已够用;而系统思考高等院校治理问题,深化综合改革、推进整体优化,需要克服"只见树木,不见森林"的局限,优先加强理论建设。我国高等院校依靠理论加速推进治理现代化,在传承中国特色社会主义教育文脉的基础上引领中国高等教育现代化进程,以为建设全球高等教育共同体做出贡献,并实现学科建设与人才培养的优化。

首先,传承中国特色社会主义教育文脉。围绕"培养什么人、如何培养人、为谁培养人"这一最具战略性决定意义的目标要求,我们的首要使命是将传承中国特色社会主义教育文脉推上新的时代高度。在指导思想上,坚持马克思主义指导地位,坚持毛泽东思想、邓小平理论、"三个代表"重要思想、科学发展观,深入贯彻习近平新时代中国特色社会主义思想;在办学方向上,坚持社会主义办学方向,落实立德树人根本任务;在根本宗旨上,坚持教育为人民服务、为中国共产党治国理政服务、为巩固和发展中国特色社会主义制度服务、为改革开放和社会主义现代化建设服务,扎根中国大地办教育。[①]守护中国特色社会主义教育文脉,坚持其在教育思想理论体系中的核心地位,发挥其指导作用。一是切实领会马克思主义关于人的全面发展学说,通过"反向飞跃",在思想上努力超越历史距离、空间距离,探析其本真意义。二是深入发掘和科学阐释中国特色社会主义教育的时代内涵,在世界格局和中国社会矛盾深刻变化的过程中,要清醒地看到人类谋求自身解放和自由发展的历史使命没有变,牢记中国教育的初心使命没有变,阐释实现教育梦和中国梦同频共振的规律。

---

① 翟博. 新时代教育工作的根本方针[N]. 中国教育报,2019-09-16(001).

三是促进中国特色社会主义教育的当代发展，面对教育领域取得的历史性成就和各种各样的挑战，认真甄别哪些需要与时俱进，承担起理论构建责任。

其次，引领中国高等教育现代化进程。回顾高等教育改革发展的历史进程，我们引进全球一切积极因素并让其充分发挥作用，逐步由"跟跑"实现"并跑"。我们不再满足于在一时一事上提出"锦囊妙计"，而是要在理论探索和实践创新中加快整个高等教育现代化进程。一是更加集聚和增强高等教育现代化共识，可以说当今我国高等教育是当代世界各国中发展最快的，但同时我国不同地区、不同要素等之间也存在差异，高等院校治理不仅需包容丰富多彩带来的活力，更要注重增进共识，更好地汇聚高等教育现代化的力量。二是凝练高等教育现代化的特质，回顾这些年先易后难、"摸着石头过河"的高等教育改革发展历程，继续拓展与高等教育相关的各种要素，包括历史的与现实的、现代的与传统的、公办的与民办的、中国的与外国的、计划的与市场的，形成书写教育"奋进之笔"的磅礴伟力。三是完善高等教育现代化的制度体系，基于近年来高等教育制度建设方面取得的历史性成就，适应国家战略和高等教育事业发展需求，促进高等院校治理水平大幅提升。

再次，贡献全球高等教育共同体的建议方案和思路。处于经济全球化、政治多极化、文化多样化、社会信息化内在交织的历史交汇点上，我们既要确保中国高等教育现代化在科学大道上行稳致远，更要为全球高等教育共同体建设提供中国方案。一是在高等教育领域做好自己的事，同步促进高等教育公平和提升质量水平，确保我国高等教育的未来发展行进在正确方向和健康道路上，也意味着要为全球高等教育共同体提供样例。二是完善高等教育开放机制，坚持相互尊重、平等相待，在高等教育开放中合作，在教育开放中创新。三是勾勒全球高等教育共同体愿景，就像各国经济社会发展似乎没有走单一道路和单一模式一样，高等教育的发展也初步显现出多种走向和多种模式，我们应该倡导不同国家间在高等教育领域共商共建共享，构建造福全球的高等教育共同体。

最后，做优学科建设与人才培养。"高等院校治理"已成各界的热词，大家普遍渴求来自学科视角的深刻解读和阐释。面对现实情况的不尽如人意，学界尚未能提供系统、扎实的学理支撑，有时存在以西方理论淹没中国思想、以动态报告替代稳态著述等现象，我们需要对中国高等教育现代化理念及其实践进行跨时空、多学科和追根溯源的理论研究，加强高等院校治理的专业建设、教

绪　论　加强高等院校治理理论建设的目标和责任

材建设和话语体系建设。另外，决定高等院校治理水平的关键因素是人才。因此，高等院校应切实融合学科建设和人才培养，贯通高等院校治理人才的职前培养和职后培训，广开培养培训渠道，不断提高高等院校治理水平。[①]

[①] 周海涛. 加强教育治理理论建设的目标和责任［J］. 国家教育行政学院学报，2020（1）：3-4.

第一章
高等院校治理的基本问题

高等院校也称高等学校。《中华人民共和国高等教育法》中明确高等院校是指大学、独立设置的学院和高等专科学校，包括高等职业学校和成人高等学校。本书中的"高等院校"是以提供中学后高层次学习、教学、研究和社会服务为主要任务、活动的各类教育机构的统称。高等院校治理的基本问题，包括一般意义上高等院校治理的相关概念、内涵本质、战略使命。

第一节　高等院校治理的概念源流

"治理"是一个兴盛一时、热度迭起的概念。截至 2023 年 12 月，以"治理"为主题词，在中国知网可以检索到 98 万篇以上的文献，相关研究横跨多个学科领域，包含丰富的内涵。从大量文献中梳理总结出对"治理"及其衍生的"高等教育治理""高等教育治理现代化""高等教育治理体系与治理能力"等核心概念的定义，有助于进一步深入把握高等院校治理研究概况。

一、治理

从词源学的角度来看，英文中的"治理"（governance）源自拉丁文（gubernāre）和古希腊词汇（κυβερνᾶν），有掌舵、引导、操纵、控制之义。[①]在中国古代汉语中，"治理"一词早已有之，可追溯至春秋战国时期，诸子百家用于表达治国、理政、平天下的抱负，有统治、管理之义，如《孟子》载"尧舜之治天下，岂无所用心哉？亦不用于耕耳""君施教以治理之"；《荀子》述"然后明分职，序事业，材技官能，莫不治理，则公道达而私门塞矣，公义明而私事息矣"。随着 20 世纪 70—80 年代西方国家遭遇的经济危机、政府失灵，西方社会开始探寻新的治理模式。[②]1989 年，世界银行首次提出治理危机（crisis in governance）之后，现代意义上的"治理"逐渐被赋予新的含义，在经济学、政治学、管理学、社会学等多个学科领域得到了广泛的研究和讨论。

（一）治理的内涵

从内涵的角度来看，国内学者对"治理"的理解主要包括"方式说""制度说""机制说""系统说""活动说""体系说""能力说"等观点。

方式说认为，治理是指公共权力的运用形式、方法或手段[③]，是对统治者或

---

① Oxford English Dictionary［EB/OL］.（2022-03-18）［2022-04-01］. https://www.oed.com/view/Entry/80304#eid2605179.

② 曾庆捷."治理"概念的兴起及其在中国公共管理中的应用［J］. 复旦学报（社会科学版），2017（3）：164-171.

③ 徐勇. GOVERNANCE：治理的阐释［J］. 政治学研究，1997（1）：63-67.

第一章 高等院校治理的基本问题

管理者的行政方式的描述，通过对公共权力的配置和运用来支配、影响和调控社会。1995年，全球治理委员会在报告《我们的全球伙伴关系》(Our Global Neighborhood)中指出，治理是各种公共的或私人的个人和机构管理其共同事务的诸多方式的总和，以调和相互冲突或不同的利益关系，促进合作与协商。①

制度说认为，治理是用于形成不同利益相关者之间制衡关系的一套制度安排。②经济学界多持有这一观点。它涉及参与社会规范和制度的创造过程、行动者之间的相互作用和决策过程。治理既包括有权促使人们服从的正式制度和规则，也包括各种人们同意或认为符合其利益的非正式的制度安排。

机制说认为，治理是一系列活动领域里的管理机制。治理理论的主要创始人詹姆斯·罗西瑙（J. Rosenau）对治理与统治进行了区分，认为治理的内涵更为丰富，既包括政府机制，也包括非正式的、非政府的、未被授权却能发挥有效作用的机制。③

系统说认为，治理是指一套关于价值、政策和制度的系统，由"机制""过程"组成。在该系统中，社会通过国家、市民社会和私人部门之间或者各个主体内部的互动，来实现对经济、政治和社会事务的管理，通过其自身组织来制定和实施决策，以达成相互理解、取得共识和采取行动。④

活动说认为，治理是人类社会和团体组织对公共事务进行安排、处置的活动⑤，是一种多个行为主体（如政府与民间、公共部门与私人部门、非政府组织等）通过合作互动共同参与公共政策讨论、制定与实施的活动。⑥

体系说认为，作为善治的治理，它指的是强调效率、法治、责任的公共服务体系，强调政府与民间、公共部门与私人部门之间的合作与互动。国家治理体系包含治理主体、治理机制和治理工具三大要素，涉及谁治理、如何治理、

---

① Commission on Global Governance. Our Global Neighborhood: Report of the Commission on Global Governance [M]. Oxford: Oxford University Press, 1995: 23.
② 赵成. 大学治理的含义及理论渊源 [J]. 现代教育管理, 2009 (4): 35-38.
③ 詹姆斯·N. 罗西瑙. 没有政府的治理：世界政治中的秩序与变革 [M]. 张胜军, 刘小林, 等译. 南昌：江西人民出版社, 2001: 5.
④ 杨雪冬, 季智璇. 政治话语中的词汇共用与概念共享——以"治理"为例 [J]. 南京大学学报（哲学·人文科学·社会科学）, 2021 (1): 74-88, 160.
⑤ 许耀桐. 制度、治理和现代化：若干重要概念术语阐释 [J]. 新视野, 2020 (2): 5-11.
⑥ 孙进, 燕环. 全球教育治理：概念·主体·机制 [J]. 比较教育研究, 2020 (2): 39-47.

·7·

治理得怎样三个基本问题，涵盖政府治理、市场治理和社会治理三个最重要的次级体系。①

能力说认为，治理是指官方或民间的公共管理组织在一个既定的范围内运用公共权威维持秩序，满足公众需要的能力。②治理的实质便是为良好秩序和集体行动创造与提供环境条件。③治理注重规范利益相关者的互动过程，以维持公共秩序、促进公共利益。④在相互影响、相互干预的弹性互动中，政府和社会组织等能够产生强大的治理能力。⑤国家治理能力主要凸显的是国家治理方式和管理手段的科学化、程序化与规范化。⑥

（二）治理的主体

从主体的角度来看，对"治理"的理解主要有"国家中心主义""社会中心主义""政党中心主义""多中心治理"等观点。

"国家中心主义"的主要代表人物有让·布丹（J. Bodin）、托马斯·霍布斯（T. Hobbes）、黑格尔（Hegel）等。他们强调国家是治理的主体，作为国家机器代表的政府是社会秩序的来源和维护者，负责制定计划，统筹配置资源，向社会提供公共物品和公共服务。⑦

"社会中心主义"的代表人物主要有约翰·洛克（J. Locke）、亚当·斯密（A. Smith）、孟德斯鸠（Montesquieu）、卢梭（Rousseau）和托克维尔（Tocqueville）等。他们强调社会是治理的主体，主张社会能力和社会自主性，

---

① 俞可平. 国家治理体系的内涵本质［J］. 理论导报，2014（4）：15-16.
② 俞可平. 治理与善治［M］. 北京：社会科学文献出版社，2000：5.
③ 包国宪，郎玫. 治理、政府治理概念的演变与发展［J］. 兰州大学学报（社会科学版），2009（2）：1-7.
④ 蒋凯，王涛利. 高等教育治理体系与治理能力现代化的关键问题和推进路径［J］. 厦门大学学报（哲学社会科学版），2021（1）：105-114.
⑤ 俞可平. 治理与善治［M］. 北京：社会科学文献出版社，2000：233.
⑥ 罗智芸. 国家治理能力研究：文献综述与研究进路［J］. 社会主义研究，2020（5）：156-163.
⑦ 蔡潇彬. 新时代社会治理现代化：治理类型、框架建构与政策理路［J］. 宏观经济研究，2021（6）：124-132.

认为社会在权力分配中占主导地位，限制国家的权力，建立小政府。①

"政党中心主义"强调政党在治理中的核心地位和关键作用，治理体系以政党为中轴而构建，治理过程由政党主导而展开，扮演治理主体角色，表达与聚合利益，制定和实施政策。郭定平认为，改革开放以来，在共产党的领导下，中国实行党和国家领导制度改革，健全和完善多党合作与政治协商制度，发展社会主义民主，建设社会主义法治国家，已经形成了一种基于法治的政党与国家相互嵌入、以政党为中心的国家治理新模式。②

"多中心治理"主张多元共治，即多元主体参与的共同治理。③美国政治经济学家埃莉诺·奥斯特罗姆（E. Ostrom）针对单中心治理失灵提出了第三条治理道路，强调治理主体的多元化，自主组织的自主治理的效果优于政府或市场的单中心治理，应构建政府、市场和社会的多中心合作、互动、协商的治理体系。④

（三）治理的范畴

治理范畴的运用十分丰富，具有模糊性和多样性，不同的学者对此进行了各种各样的归纳和总结。

罗伯特·罗茨（R. A. W. Rhodes）提出治理作为"小政府"（the minimal state）、"公司治理"（corporate governance）、"新公共管理"（the new public management）、"善治"（good governance）、"社会-控制系统"（socio-cybernetic system）、"自组织网络"（self-organizing network）六种定义。⑤

格里·斯托克（G. Stoker）总结出治理源于政府又不限于政府、解决问题的界线与责任的模糊性、社会公共机构之间的权力依赖、自主自治的参与者网

---

① 郭风英. 从管理到治理：体制转型与理念变迁［M］. 成都：西南交通大学出版社，2016：4-6.
② 郭定平. 政党中心的国家治理：中国的经验［J］. 政治学研究，2019（3）：13-22，125.
③ 褚宏启. 绘制教育治理的全景图：教育治理的概念拓展与体系完善［J］. 教育研究，2021（12）：105-119.
④ 转引自蔡潇彬. 新时代社会治理现代化：治理类型、框架建构与政策理路［J］. 宏观经济研究，2021（6）：124-132.
⑤ Rhodes R A W. The new governance: Governing without government［J］. Political Studies，1996，44（4）：652-667.

络、利用新的工具和技术来引领与指导公共事务五种论点。①

俞可平从权力的主体、性质、来源、运行向度、作用及范围五个方面区分了"统治"和"治理"的概念，总结出治理具有多元主体、协商性质、源自法律与契约的权力、自上而下与平行倾向的向度、以公共领域为边界的内涵。②

顾建民等从治理与管理的关系视角概括了四种观点：一是只见治理不见管理的替代关系；二是治理涵盖了管理与领导之义的包含关系；三是管理、领导、治理相互补充的互补关系；四是治理属于管理的从属关系。③

学界对治理概念的使用主要可以分为三类：一是传统治理观。治理与管理、管控、统治等交叉使用，主要强调国家和政府的统治、管理与服务。二是西式治理观。在西方治理理论的影响下，虽然具体定义不同，但均强调治理的民主性、平等性、多元参与性、协商互动性等特征。三是中国式治理观。党的十八届三中全会提出推进国家治理体系和治理能力现代化，结合中国的治理实践，逐渐形成国家、政府、社会、公众等各种主体共同协作，涵盖经济建设、政治建设、文化建设、社会建设和生态文明建设，全面建成小康社会、全面深化改革、全面依法治国和全面从严治党的复杂性系统。本书中的"治理"是指涵盖了治理体系和治理能力的综合性复杂系统。

二、高等教育治理

高等教育治理是治理理论在高等教育领域的具体运用和体现，受到学术界的关注和讨论。正如对"治理"的相关理解仁者见仁、智者见智，对"高等教育治理概念"的解释也是众说纷纭，主要有法权配置说、制度安排说、结构过程说、本位回归说、整体框架说、秩序体系说、要素能力说等代表性观点。

法权配置说主张，高等教育治理的实质就是各利益相关者之间的法权配置问题，各主体间的法权配置模式便是高等教育的治理结构，高等教育与外部利益相关者之间以及内部各法权主体之间的法权配置模式分别为高等教育外部治

---

① Stoker G. Governance as theory: Five propositions [J]. International Social Science Journal, 2018, 68（227-228）：15-24.

② 俞可平. 国家治理体系的内涵本质 [J]. 理论导报，2014（4）：15-16.

③ 顾建民等. 大学何以有效治理：模式、机制与路径 [M]. 上海：上海交通大学出版社，2021：4.

第一章 高等院校治理的基本问题

理结构和内部治理结构。高等教育的法权结构既有纵向上的科层权力关系，也有横向上的权力与权力、权利与权利之间的平行关系，以及权力与权利之间的非平行关系。①

制度安排说强调，高等教育治理是保证目标和理念得以实现的制度安排，通过搭建各利益相关者的关系框架，并设定目标、原则、决策方式、权力分配等具体规则，包括正式与非正式的制度安排，促进各种利益和权利的协调、配置、制衡与平衡，从而有效地达成高校的目标。②顾建民等认同高等教育治理与管理的互补关系，认为高等教育治理侧重决策权配置的制度安排，强调在决策活动中实现社会价值平衡。③李福华对"大学治理"与"管理"进行了概念辨析，认为大学治理是在利益主体多元化以及所有权与管理权分离的情况下协调各利益相关者的相互关系，降低代理成本，提高办学效益的一系列制度安排，如西方大学治理包括公共监督和董事会制度、大学教职治理制度、行政领导制度等。④

结构过程说提出，高等教育治理是内外部利益相关者参与学校重大事务决策的结构和过程⑤，具体涉及内、外部治理结构两个层面的治理活动，表现为上下结合、内外协调、全员参与的依法民主治理，突出学术自治、依法治校、民主办学、社会参与、科学管理等现代高校发展的基本规律⑥，尤其注重学校领导、战略规划、改革方向、教学过程、资源配置、问责评价等重要问题的决策。王松婵和林杰将高等教育治理定义为在高等教育治理主体多元参与、平等协商的基础上，通过对治理体系、治理能力的不断优化，从而降低治理成本的

---

① 高松元，龚怡祖. 型塑大学治理结构：一种法权结构的重建［J］. 教育发展研究，2011（11）：44-47.
② 赵成，陈通. 治理视角下的大学制度研究［J］. 高等教育研究，2005（8）：18-22.
③ 顾建民等. 大学何以有效治理：模式、机制与路径［M］. 上海：上海交通大学出版社，2021：5.
④ 李福华. 大学治理与大学管理：概念辨析与边界确定［J］. 北京师范大学学报（社会科学版），2008（4）：19-25.
⑤ 朱玉山. 大学治理的社会参与：分析框架、概念界定与评测维度［J］. 现代教育管理，2017（1）：30-35.
⑥ 袁福. 多元共治参与大学治理的内涵、方向及路径保障［J］. 内蒙古社会科学（汉文版），2018（1）：184-188.

复杂动态过程。①

本位回归说认为，高等教育治理就是要去行政化和去行政化管理模式，使高校回归以学术为目标的本原和本位，致力于从事教学、科研、社会服务与文化传承工作，而不是政府的附属机构，要尊重高校办学理念与办学规律，建立现代大学制度。②

整体框架说以综合治理和治理中的多元理论为基础，高等教育治理是涉及宏观、中观、微观三个维度和理念、目标、结构、制度、机制、主体、技术、文化等多个层次纵横交织的整体性框架。③理念层面的高等教育治理在于构建知识共同体，目标层面的高等教育治理指向治理的结果，结构层面和制度层面的高等教育治理相辅相成，机制层面的高等教育治理强调区分治理与管理的异同，主体层面的高等教育治理注重以书记、校长、教授为核心的个体权力协调与以学术权力、行政权力、政治权力为核心的群体权力配置，文化层面的高等教育治理涉及组织文化与治理中的文化传承创新。王洪才从目标、手段、结构、结果四个方面解读了大学治理，认为作为目标的大学治理强调追求共同价值与文化，作为手段的大学治理是指整治大学出现的各种乱象和失序问题，作为结构的大学治理是指构建一种人人参与、共同治理的结构，作为结果的大学治理是大学内外部均达到一种和谐的状态。④

秩序体系说认为，高等教育治理是以"善治"为目标，以弘扬精神理念、激发办学活力、提高绩效水平为导向，注重民主参与和协商共治，以制度体系为保障的秩序体系。⑤实际上，就是要理顺内外部关系，合理设计、安排各种体制机制、规章制度，使之相辅相成、相互协调，对多元治理主体（政府、社会、学校/教师、学生、管理人员）、治理领域（人才培养、科学研究、社会服务）、治理方式（管制、调控）、协同的治理功能和连贯的治理过程进行全面的

---

① 王松婵，林杰. 论高等教育治理商数——基于高等教育治理体系、治理能力、治理成本的分析［J］. 大学教育科学，2018（1）：69-75，127.
② 李立国. 大学治理的内涵与体系建设［J］. 大学教育科学，2015（1）：20-24.
③ 刘益东，周作宇. 大学治理：一个整体性框架［J］. 大学教育科学，2020（3）：64-72.
④ 王洪才. 大学治理的四种内涵［J］. 苏州大学学报（教育科学版），2015（4）：17-19，22.
⑤ 张衡，眭依凡. 大学内部治理体系：现实诉求与构建思路［J］. 高校教育管理，2019（3）：35-43.

界定与规定，使之成为一个有序体系。[1]

要素能力说认为，高等教育治理关乎使命目标、价值取向、决策机制、资源分配、主体关系等[2]，高等教育治理包括参与投资办学、咨询决策、监督问责和权益保障等功能，涉及治理思想、组织、制度和能力等构成要素，尤其关注治理组织和相关人员开展治理活动、实现治理目标的能力。[3]院校的治理能力便是关于治理结构诸要素在治理过程中的工作效能表现，是反映院校治理者能否充分发挥组织诸要素作用的效能概念。[4]其主要表现为多渠道筹措和高效益利用办学资源的能力。[5]

高等教育治理没有统一的定义，其内涵在理论与实践运用中具有丰富性。本书中所提到的"高等教育治理"是指涵盖高等教育治理体系和治理能力的综合性复杂系统。

三、高等教育治理体系与治理能力现代化

党的十八届三中全会将推进国家治理体系和治理能力现代化作为全面深化改革的总目标之一，高等教育治理体系与治理能力是其中的重要组成部分，对于推动高等教育治理现代化起到了关键作用，学者就此展开了积极的探索和讨论。

（一）高等教育治理体系

目前学界对高等教育治理体系的理解主要有治理要素说、治理结构说、制度系统说、功能组织说、协同机制说等观点。

治理要素说主要从高等教育治理的主体、机制、结构、内容等要素来论述

---

[1] 章兢. 大学治理体系与治理能力现代化建设的内涵与切入点[J]. 中国高等教育，2014（20）：12-14，32.
[2] Marginson S, Considine M. The Enterprise University: Power, Governance and Reinvention in Australia[M]. New York: Cambridge University Press, 2000：7.
[3] 别敦荣. 高等教育管理探微[M]. 厦门：厦门大学出版社，2021：147.
[4] 眭依凡，王改改. 大学治理体系与治理能力现代化：高质量高等教育体系建设的必然选择[J]. 中国高教研究，2021（10）：8-13.
[5] 章兢. 大学治理体系与治理能力现代化建设的内涵与切入点[J]. 中国高等教育，2014（20）：12-14，32.

高等教育治理体系，认为它是以大学"善治"为目标，以大学精神彰显、活力激发、绩效提升为导向，以民主参与、协商共治为理念，以制度体系为保障的大学秩序体系。①徐小洲和江增煜认为，高等教育治理体系具有丰富的内涵，包括治理目标、治理理念、治理者、治理内容、治理制度、治理路径等要素，诸要素之间相互联系、相互作用。②张继明认为，我国高等教育治理体系的核心要素包括政府及其高等教育治理主导权、高校行政服务与学术治理队伍及其治理权、高等教育发展共同体及其协同创新能力、大学文化及其动力与保障功能。③宣勇借助伯顿·克拉克（B. Clark）的"协调三角形"模型等，补充建构了高等教育治理体系，主要以政府、大学、社会、市场作为基本要素，并总结出市场主导的美国模式、学术主导的英国模式、政府主导的法国模式和瑞典模式等不同取向的高等教育治理体系。④

治理结构说主要将大学内部治理体系看作大学治理结构，强调对高校内不同性质的权力予以架构，表现为大学内部组织及其权责的关系结构和运行程序。⑤阎光才认为，高等教育治理体系的实质便是与权力相称的一系列责任体系，强调通过建构完善的制度体系来明晰责任和义务。⑥高等教育治理体系涉及多方面的利益主体，强调以多元共治为基础的组织结构，促进权利均衡与利益共享。⑦

制度系统说主要将大学治理体系看作一整套治理大学的制度体系，包括各种体制机制、规章制度，以及相关制度形成的治理框架，涉及对治理主体、治

---

① 张衡，眭依凡. 大学内部治理体系：现实诉求与构建思路［J］. 高校教育管理，2019（3）：35-43.
② 徐小洲，江增煜. 高等教育治理体系现代化建设的战略构想［J］. 中国高教研究，2020（9）：27-31，79.
③ 张继明. 我国高等教育治理现代化的核心要素及其优化［J］. 现代教育管理，2020（6）：7-13.
④ 宣勇. 高等教育治理体系的建构［J］. 教育发展研究，2015（17）：74-75.
⑤ 眭依凡. 转向大学内部治理体系创新：高等教育治理体系现代化的紧要议程［J］. 教育研究，2020（12）：67-85.
⑥ 阎光才. 高等教育治理体系与治理能力的现代化［J］. 苏州大学学报（教育科学版），2014（3）：1-3.
⑦ 袁利平，李君筱. 面向2035的中国高等教育现代化发展图景及其实现［J］. 大学教育科学，2021（3）：13-22.

理领域、治理方式、治理功能、治理过程的全面界定和规范等。[1]体系、制度、系统都可以被翻译成英文"system",有学者认为它们具有内在一致性,高等教育治理体系便是涉及治理主体、机制、效果的一系列制度安排,也可以被视为一个有机协调、动态整体的制度运行系统。[2]

功能组织说认为,治理体系是对宏观和微观的高等教育治理组织的统称,具有松散性,构成治理体系的治理组织之间可以是所属关系。[3]高等教育治理组织包括遵循治理思想所建立的各种审议、咨询、决策、审核、仲裁和评估机构及其组成人员;若以高校为界,又可分为外部或宏观治理和内部或微观治理,外部和内部都可能建立不同层次的治理功能组织,它们共同构成了高等教育治理体系。[4]

协同机制说强调,高等教育治理体系是相互协同、相互融合的一系列高等教育管理机制,由政府、市场、大学及其他社会组织根据法治原则构建,能够适应当前和未来的经济社会发展,其协同程度成为影响高等教育治理体系效率的核心标准。[5]不同治理主体在治理过程中发挥各自的作用,形成了紧密合作、相互联系的有机整体,共同构成了高等教育治理体系。

(二)高等教育治理能力

对高等教育治理能力的理解,主要包括行为素质说、目标实现力说、资源获用力说、制度执行力说、自主创造力说、关系协调力说、整体效能说等观点。

行为素质说认为,高等教育治理能力是各个治理主体共同作用于治理对象时表现出的行为素质,蕴含在治理主体自身及治理体系之中。治理能力现代化是指治理主体作用于治理对象时,展现出的具有标准化、制度化、科学化、民

---

[1] 章兢. 大学治理体系与治理能力现代化建设的内涵与切入点[J]. 中国高等教育,2014(20):12-14,32.

[2] 王松婵,林杰. 论高等教育治理商数——基于高等教育治理体系、治理能力、治理成本的分析[J]. 大学教育科学,2018(1):69-75,127.

[3] 别敦荣. 治理体系和治理能力现代化与高等教育现代化的关系[J]. 中国高教研究,2015(1):29-33.

[4] 别敦荣. 高等教育管理探微[M]. 厦门:厦门大学出版社,2021:147.

[5] 闫智勇. 中国高等教育治理体系现代化研究[M]. 重庆:重庆大学出版社,2018:22.

主性和创新性等现代性特征的行为素质。①

目标实现力说认为，高等教育治理能力是治理主体，即治理组织和相关人员开展治理活动、实现治理目标的能力。②具体而言，表现为政府、社会及大学等高等教育治理主体共同开展高等教育治理活动，从而实现人才培养、科学研究、社会服务和文化传承创新等治理目标的能力。③其表现为将高校办学定位、办学理念、发展方向、品牌特色、内涵建设、学科设置等转化为实践的能力，以实现高校功能最大化，提升高校竞争力和内涵建设，对内治理能力表现为独立自主的办学能力，对外治理能力表现为利用其社会影响力和感召力来影响政府决策的能力。④

资源获用力说认为，高等教育治理能力既表现为大学多渠道获取办学资源的能力，又表现为大学高效益使用办学资源的能力。⑤在政府的宏观调控下，高校既能够通过多方协同合理调动社会资源，也能够充分利用各类资源促进高校功能的实现。⑥

制度执行力说认为，高等教育治理能力是运用制度进行治理的能力⑦，提升治理能力即提升对制度的执行力，包括建立相应的执行体系和执行责任体系，以及建设干事和勇于担当的干部队伍。⑧李海龙认为，高等教育的治理能力主要指制度理解、执行、组合、创新和组织体系运作的能力，是高校制度化行为的表现。其中，制度执行与创新能力是高等教育治理能力的核心。高等教育治理

---

① 甘晖. 基于大学治理能力现代化的大学治理体系构建［J］. 高等教育研究，2015（7）：36-41.

② 别敦荣. 高等教育管理探微［M］. 厦门：厦门大学出版社，2021：147.

③ 王松婵，林杰. 论高等教育治理商数——基于高等教育治理体系、治理能力、治理成本的分析［J］. 大学教育科学，2018（1）：69-75，127.

④ 石贵舟，余霞. 高校治理能力现代化路径探析［J］. 安徽工业大学学报（社会科学版），2018（3）：94-96，99.

⑤ 章兢. 大学治理体系与治理能力现代化建设的内涵与切入点［J］. 中国高等教育，2014（20）：12-14，32.

⑥ 石贵舟，余霞. 高校治理能力现代化路径探析［J］. 安徽工业大学学报（社会科学版），2018（3）：94-96，99.

⑦ 王军. 推进高校治理体系和治理能力现代化［J］. 中国高等教育，2019（6）：25-27.

⑧ 张维维，夏菊萍. 高校治理体系和治理能力现代化：内涵与途径［J］. 北京航空航天大学学报（社会科学版），2022（4）：155-160.

能力现代化要将能力的主观概念转化为常态化的制度行为,通过权责的理性配置,实现各方利益的帕累托最优。①

自主创造力说认为,高等教育治理能力的核心在于对人的自主性和创造力的提升能力,具体表现为保障高校办学自主权、教师自主教学科研权以及学生的自主学习权的能力,提供制度性的创新空间,激发创新活力,完成高等教育立德树人的根本任务。②

关系协调力说认为,高等教育治理能力是各利益相关者共同参与高等教育事务、协调各系统相互关系与利益冲突的能力。③这种能力能够推进各利益相关者的互动与合作。④余华认为,高校内部治理能力是高校运用各种手段和方式寻求诸多利益主体之间利益平衡的能力,即通过合理、有效地运用高校内部治理体系、协调和控制相关利益主体间利益分配、均衡各相关利益主体的利益博弈,达到各方获利目的的能力,表现为高校内部治理的合力、动力和阻力。⑤

整体效能说认为,高等教育治理能力是指各利益相关者参与高等教育重大事务决策时所体现出来的一种整体效能,是治理精神和理念、内外部权力关系、权力结构、多元权力制衡机制的集中反映。⑥高等教育治理能力现代化是传统治理能力向现代治理能力转化的过程,也是治理主体作用于治理对象的能力不断提升的历史过程。这一治理过程是一个复杂的系统,主要包括治理理念的现代化、治理制度的现代化、治理结构的现代化、治理功能的现代化、治理方

---

① 李海龙. 论高等教育治理能力现代化的内涵 [J]. 江苏高教,2017 (4):21-28.
② 苑野,董新凯. 加快法治化:高等教育治理能力提升的切实路径 [J]. 江苏高教,2021 (1):47-51.
③ 孙超,宋吉鑫,崔国生,等. 高校内部治理能力的厘定与提升对策重塑 [C]//辽宁高等教育学会. 辽宁省高等教育学会 2016 年学术年会暨第七届中青年学者论坛二等奖论文集.2016:477-484.
④ 宣勇,郑莉. 大学校长遴选与高等教育治理能力的现代化 [J]. 中国高教研究,2015 (8):23-26,44.
⑤ 余华. 高校治理体系完善与治理能力提升探析 [J]. 湖南师范大学教育科学学报,2015 (3):58-62.
⑥ 颜建勇. 论学术本位视域下我国大学内部治理能力的提升 [J]. 高等工程教育研究,2015 (5):65-69.

法的现代化以及治理体制的现代化等。[1]

本书中的高等教育治理体系是在党统一领导下涉及高等教育治理的一系列制度体系，高等教育治理能力是指运用制度开展高等院校各方面事务的能力。

（三）高等教育治理现代化

高等教育治理现代化是推进高等教育现代化的重要抓手，学界对此开展了诸多讨论。对高等教育治理现代化的理解主要包括多元共治说、建构转型说、有效路径说、行动过程说、未来目标说、内涵发展说等观点。

多元共治说认为，高等教育治理现代化的基本内涵是顺应时代变革的要求，以实现大学教育现代化为目标，以建构政府、社会、大学新型关系为核心，以推进教育管办评分离为基本策略，建立系统完备、科学规范、运行有效的制度体系，形成政府宏观管理、大学自主办学、社会广泛参与的多元共治格局。[2]其主张构建"政党（领导）+政府（管理）+高校（办学）+社会（监督）"的"四位一体"多元治理体系，实现政党领导权、政府管理权、高校办学权、社会监督权的协调、高效运行。[3]

建构转型说认为，高等教育治理现代化就是要通过各种方式方法革故鼎新，把高等教育从长期形成的传统办学治教模式中逐步解构出来，从而构建起一种符合现代治理精神与治理理念的新的发展态势，实现高等教育的迭代升级，更加有效地释放出教育育人的力量，更加有效地发挥出教育推动经济社会科技发展的功效。其具体表现为全面法治化、显著公平化、充分自主化、高度协调化、深度信息化、稳步国际化、类型多样化和鲜明中国化等八个现代化实践向度。[4]靳澜涛指出，从传统治理向现代治理的五重转型变化，表现为教育治理主体异质化、治理权责均衡化、治理方式创新化、治理依据多样化和治理内容体系化。教育治理现代化既是一个增量改革过程，也是一个理性化或祛魅

---

[1] 龙献忠，周晶，龚汪洋. 治理能力现代化与地方本科高校转型发展［J］. 中国高等教育，2016（19）：30-32.

[2] 周光礼. 中国高等教育治理现代化：现状、问题与对策［J］. 中国高教研究，2014（9）：16-25.

[3] 何慧星，孙松. 论高校治理体系和治理能力现代化［J］. 高等农业教育，2014（9）：3-5.

[4] 龚成，刘源. 高等教育治理现代化的系统实践理路［J］. 中国矿业大学学报（社会科学版），2022（4）：39-52.

第一章 高等院校治理的基本问题

化过程。[1]

有效路径说认为,高等教育治理现代化是实现高等教育高质量发展的有效路径,包括科学的教育理念、有效的治理形态和先进的教育制度等要素。其中,教育理念是条件,治理形态是表现,教育制度是保证。高等教育治理现代化从教育理念、治理体系和体制机制等层面促进高校内外部发展,通过科学的教育理念来进行顶层设计与布局,通过有效的治理形态来优化治理主体和治理体系,通过先进的教育制度来实现治理的具体操作与实践。[2]其表现为制度化的治理基础、多元化的治理主体、法治化的治理保障、信息化的治理手段等多重要素整体推进的逻辑框架。[3]

行动过程说认为,高等教育治理现代化是具有目的指向的集体协同行动过程,在现代大学治理结构下强调以人的现代化为基础,注重"人的现代化"和"非人的现代化"的辩证统一,是结构、功能和行为的综合性目标。[4]瞿振元认为,高等教育治理现代化既是完善制度、提升能力的过程,又是构建精神、彰显价值的过程。[5]

未来目标说认为,高等教育治理现代化在我国语境下富含积极、进步、向好、向善目标的价值意蕴,遵照教育发展规律和教育现代化的基本要求,构建高等教育各利益主体的新型关系,推进高等教育管办评分离,建立科学、高效、完备的制度体系,从而形成方向明、道路宽、动力足、前景好的现代化高等教育。[6]解德渤等认为,高等教育治理现代化的最终目标是达到"止于至善"的治理境界,通过动态"治"实现相对"秩",治理能力持续增强、治理体系不

---

[1] 靳澜涛. 从教育治理到教育治理现代化的内在逻辑及其价值理性[J]. 中国电化教育, 2021(10): 51-56.
[2] 陈春琳. 高等教育治理现代化的逻辑要素及实现路径[J]. 中国高等教育, 2020(6): 39-41.
[3] 舒永久,李林玲. 高等教育治理体系现代化:逻辑、困境及路径[J]. 现代教育管理, 2020(6): 1-6.
[4] 周作宇. 大学治理的伦理基础:从善治到至善[J]. 高等教育研究, 2021(8): 1-19.
[5] 瞿振元. 推进高等教育治理现代化:目标、价值与制度[J]. 中国高教研究, 2014(12): 1-4.
[6] 周海燕,卞谢瑜. 从管理到治理:高校党建引领高等教育治理现代化[J]. 高校教育管理, 2021(5): 55-63.

断优化,是价值、技术与结果的综合体。[1]周浩波认为,从静态来看,高等教育治理现代化是高等教育发展所达到的最高水平和最好状态,能够高度契合、适应经济社会的发展;从动态来看,高等教育治理现代化是追赶国际先进高等教育、多因素叠加的复杂作用过程。[2]

内涵发展说认为,高等教育治理现代化就是高等教育内涵式发展的过程,尤其强调制度和人才两个核心,强调完善高等教育内部治理体系和人才队伍建设,遵循高等教育发展规律,为高校办学、治校、育人提供高质量、高效率的服务。[3]

基于目前国内学界的研究,本书中的"高等教育治理现代化"是指超越传统的办学治校模式,通过治理能力和治理体系的全面提升而实现善治目标的转变。

第二节 高等院校治理的基本要义

"高等院校治理"既有历时性的时间特征,又有共时性的空间特征,不同时期不同国家有着各自的院校治理模式,带有各自的文化价值烙印。中国的高等院校治理既富含一般治理的基本要素,又具有自身鲜明的特色和内涵。在中国当下的时代背景之下,高等院校治理的应然本质何在?包含哪些内容?目标是什么?以什么为价值取向?对这些问题的回答,有助于为我国高等院校治理研究奠定基调,由此形成从本质、内容、目标、价值取向四个角度对中国高等院校治理基本要义的阐释。

一、高等院校治理的本质是组织权力与个体权利良性互动关系的构建和优化

学界对于治理和国家治理的研究主要有四种分析范式,即国家中心主义、社会中心主义、政党中心主义和多中心治理分析范式。国家中心主义强调国家

---

[1] 解德渤,王思懿,叶强等. 思维·价值·秩序:中国高等教育治理现代化的变革之路(笔谈)[J]. 重庆高教研究,2019(3):61-85.
[2] 周浩波. 地方高等教育:新时期推进高等教育现代化的重点与关键[J]. 中国高教研究,2019(11):34-40.
[3] 中国高等教育学会. 中国高等教育改革发展重大理论与实践问题研究年度报告:2019[M]. 北京:北京理工大学出版社,2020:114.

的自主性、统一性与权威性,在西方国家政治传统与中国古代的治道思想中均有体现;社会中心主义注重个体权利、市民社会与非政府组织等民主化力量,强调大社会、小政府;政党中心主义主张执政党领导多方的权威,由执政党主导开展治理;多中心治理分析范式主张分散化与去中心化,多元主体平等参与、共同治理。

当代中国语境下,社会主义国家治理现代化是人民至上的现代化。在社会主义社会,执政党、国家和社会都以人民性作为本质属性。治理是中国社会处于社会主义初级阶段历史方位的各类组织运行形态。治理秉持中国共产党人全心全意为人民服务的根本宗旨,根植于社会主义条件下国家与社会的共同本质属性(即人民性),超越国家、社会、政党中心主义等分析范式,坚持以人民为中心,从执政党与人民、国家和社会的辩证联系中,确证其根本属性和基本功能,从而发展出人民中心的多样化整合治理方式,找到综合的视角,最终归结到人,成为人的集合概念。

根据马克思主义的学说,劳动产生利益,群体的内部分工将导致个体追求自我利益的最大化,从而造成组织的混乱。因此,群体利益获得后存在利益再分配的需要。权利便是经过权衡后每个人最后获取的利益,而权力是对利益进行权衡、确认和保障之力。①在社会契约理论中,组织权力本质上来源于公民个体权利的让渡,从而使权力的形成具有正当性。权利是受法律保护的客观利益,社会组织本质上是一种个体权利之间的聚合与表达,通过对国家权力的分担与限制来保障个体权利,以组织的方式促进个体权利的最优化和功能的最大化。②

高等院校是社会组织的重要组成部分。我国高等院校组织与个体关系的深刻变化在于,师生员工、家长、校友等应是院校的主人和院校治理的主体,这种关系使得治理相关方拥有真实、平等和广泛的个体权利,超越了传统治理中根本对立的治人者与治于人者的对抗性两分结构,由此为高等院校治理现代化奠定了师生员工平等共治的政治基础。

我国高等院校组织与个体关系的深刻变化,使得院校治理中组织权力与个

---

① 转引自郑卫东,许杰. 走出困境——我国高校防止利益冲突寻绎[M]. 上海:上海三联书店,2016:13.
② 胡杰. 社会组织的法源释析[J]. 求是学刊,2013(2):93-99.

体权利关系的根本属性、实际状态和运行方式发生了相应的质变,使得组织权力与个体之间趋向良性联系、相互建构和互动发展,既非常必要,又完全可能。国家、高校的权力要靠个体代表来体现和执行,个体通过组织来主张权利。学术权力是一种组织权力,学术委员会由教师代表构成,通过教师代表来行使权力,同时也要保障教师的学术自由和合法权益。

在此背景下,高等院校治理现代化本质上是组织权力与个体权利之间的良性互动结构性关系的构建和不断优化的过程。一方面,组织权力通过个体科学、合法的行使,使得权力产生效能;另一方面,个体通过参与组织的管理和决策过程,使得权利主张得到维护和实现。二者在良性互动的过程中达成治理的最佳状态,发挥最大功能。

二、高等院校治理现代化包括治理体系与治理能力的现代化

高等院校治理包括治理体系和治理能力,高等院校治理现代化包含院校治理体系和院校治理能力的现代化。

高等院校治理体系是在党领导下治理院校的制度体系,包括外部治理体系和内部治理体系。前者主要是处理高校与外部主体的关系,即高校与对办学行为产生影响的政府、市场与社会组织的关系;后者包括强调权力分散与制衡的横向治理体系和涵盖学校-院系、组织-个体两类体系构建的纵向治理体系。① 院校治理体系包括高等教育体制改革中建立起来的参与办学、参与管学和参与治学的所有组织及其结构关系,涉及高等教育投资举办组织及其体系,咨询、审议和决策委员会组织及其体系,社会问责、评估和监督组织及其体系,治校和治学组织及其体系②,此外还涉及高校的基本制度及其运行机制,反映了组织结构及其权力结构,对治理体系内部诸要素及其关系做出规定。③ 高校治理体系的内涵丰富,涉及的要素庞杂,既包括高校内部的领导体系,也包括行政与学术

---

① 甘晖. 基于大学治理能力现代化的大学治理体系构建[J]. 高等教育研究,2015(7):36-41.
② 别敦荣. 治理体系和治理能力现代化与高等教育现代化的关系[J]. 中国高教研究,2015(1):29-33.
③ 眭依凡,王改改. 大学治理体系与治理能力现代化:高质量高等教育体系建设的必然选择[J]. 中国高教研究,2021(10):8-13.

治理的关系，还包括基层学术组织的安排、人事聘任制度、职员管理制度、学术评价制度、校长专业化管理等内容。[①]

高等院校治理能力则是运用制度管理高等院校各方面事务的能力，主要是针对治理主体的能力要求，包括治理组织根据职责权限、运行规范、活动准则等制度要求而产生的执行能力、贯彻能力和落实能力，以及治理组织的构成人员所具有的保证参与治理效率和质量的调动能力、理解能力、意愿表达能力、沟通协商能力、监督和评判能力以及责任分担能力等。[②]治理能力是高效制度化行为的表现，是公共利益和权力合作的常态化反映，体现为内部治理结构诸要素在治理过程中的工作效能，治理主体能够充分发挥诸要素作用的能力。治理能力的现代化主要通过制度理解与接纳能力、制度组合和分化能力、治理机构的运行能力、制度冲突的调节能力、制度与组织创新能力等体现。[③]

高等院校治理现代化对于治理体系和治理能力两个方面及其有机结合内容的确定，既体现了高等院校治理现代化对治理主体和治理规则的双重关注，又体现了高等院校治理现代化对于协同推进人与制度及其相互联系的现代化的双向奔赴。高等院校治理体系和治理能力是一个有机整体，二者相辅相成，呈现为结构与功能、骨骼与血肉的关系。没有良好的制度体系，治理能力无从施展；没有高效的治理能力，制度体系无法落实。健全的院校治理体系有助于提高治理能力，只有提高治理能力才能充分发挥治理体系的效能。

三、高等院校治理的目标是组织与个体协同治理

中国的高等院校治理是在中国高等教育制度的基础上形成的，决定了中国高等院校治理的主体格局、基本形态、体制结构，形成了共建、共治、共享的复合治理机制。因此，当代中国基本教育制度决定了社会主义初级阶段高等院校治理现代化的结构性目标是，在中国共产党的领导下，达成组织与个体的良性互动和协同治理。协同治理包括治理主体的多元化、各子系统的协同性、自组织间的竞争合作以及共同规则制定等内涵。国家中心主义、社会中心主义或

---

① 宣勇，伍宸. 论高等教育发展的"中国之治"[J]. 高等教育研究，2021（2）：1-13.
② 别敦荣. 治理体系和治理能力现代化与高等教育现代化的关系[J]. 中国高教研究，2015（1）：29-33.
③ 李海龙. 论高等教育治理能力现代化的内涵[J]. 江苏高教，2017（4）：21-28.

市场中心主义的单一主体治理存在失灵的情况，协同治理的本质是通过相关治理主体在共同处理复杂社会公共事务过程中的相互协调，实现共同行动、耦合结构和资源共享，从根本上弥补单一主体治理的局限性；通过沟通协作，缓解不同利益群体的矛盾和冲突，理解差异，共同找到解决复杂问题的行动方案，达成制衡，实现共同的长远利益和目标，起到协同增效的作用。

中国共产党全面和集中统一领导，国家主权、宪法和法律的至上地位和效力，人民根本利益的实现要求，组织治理的公共理性，组织制度的有效运行，既构成了组织治理的统一性基础，也构成了组织治理权力和权威的集中统一要求。改革开放以来，随着高等院校的改革发展，院校结构、院校分工等发生了深刻变化，由此产生了多样化的领域和主体。高等院校治理的统一性、同一性与多样性、多元化之间的互动关系和辩证统一，使得院校治理现代化需要建构"一"与"多"相辅相成的结构性治理主体和复合型治理机制，围绕高等院校治理现代化达成最大公约数，有效整合各类主体，同时激发各方的活力，形成治理合力，达成多样性与同一性的有机结合、强化和均衡发展，由此形成中国共产党领导，多方参与和协同治理的治理体系、格局和机制。

院校治理的主体包括集体和个人两个层面的各利益相关者，涉及校长、管理队伍、政府、投资者、教职工、学生、社区及社会公众等多个群体。治理主体的关系是检验治理成效的根本所在。院校治理的目标便是充分调动各主体参与治理的积极性和主动性，通过增能赋权，促进组织与个体的协同治理。院校治理的成功不能仅仅靠某一方的力量，协同治理才能促进院校整体的发展进步。组织权力和个体权利均在院校治理中得以运行，既要行使组织权力，又要保障个体权利，二者实现协同、良性互动，从而实现善治。

四、中国高等院校治理的价值取向是以马克思主义为灵魂的社会主义核心价值观

中国高等院校治理现代化必须坚持马克思主义在意识形态领域的指导地位，必须着力用习近平新时代中国特色社会主义思想武装全党、教育人民、指导工作，夯实党对高等教育工作全面领导的思想基础。高校治理需要理论思维，马克思主义是时代和人类精神的精华，对人类社会发展规律进行了深刻把握，可以为高校治理提供认识世界、把握规律、追求真理、改造世界的强大思想武器。在马克思主义的指导下，高校运用辩证唯物主义、历史唯物主义的世

第一章 高等院校治理的基本问题

界观和方法论，遵循关于人的解放和自由全面发展的规律，扎根中国大地办大学，坚持以人民为中心、实现人的全面发展，高校全面贯彻党的教育方针，立足培养什么人、怎样培养人、为谁培养人的根本问题，承担为党育人、为国育才的历史责任，同我国发展的现实目标和未来方向紧密联系，为人民服务，为中国共产党治国理政服务，为巩固和发展中国特色社会主义制度服务，为改革开放和社会主义现代化建设服务。

中国高等院校治理现代化以中国共产党领导人民在长期奋斗中形成的系列精神作为精神动力。习近平总书记在庆祝中国共产党成立100周年大会上指出，"一百年前，中国共产党的先驱们创建了中国共产党，形成了坚持真理、坚守理想，践行初心、担当使命，不怕牺牲、英勇斗争，对党忠诚、不负人民的伟大建党精神，这是中国共产党的精神之源"①。"坚持真理、坚守理想"体现出了追求真理、实现远大目标而不懈奋斗的崇高品格，"践行初心、担当使命"体现出了全心全意为人民服务的根本宗旨和人民立场，"不怕牺牲、英勇斗争"体现出了坚强的意志和不畏艰难的奋斗精神，"对党忠诚、不负人民"体现出了矢志不渝的政治担当和政治品格，具有实践性、人民性、创新性和科学性。②院校治理需要精神动力，建党精神为其提供了强大的理论之源、宗旨之源、意志之源、品德之源，有助于激发治理主体的自主性、能动性和创造性，推动我国高校治理体系和治理能力的快速提升。

中国院校治理现代化以社会主义核心价值观作为价值指引。党的十九大报告指出："社会主义核心价值观是当代中国精神的集中体现，凝结着全体人民共同的价值追求。"高等院校治理现代化，把社会主义核心价值观融入治理体系和治理能力现代化建设，凝聚以爱国主义、集体主义、社会主义为核心的治理价值共识，强调"以人为本"的价值基点、"共同富裕"的价值目标、"公平正义"的核心追求，构建能充分反映中国特色、民族特性、时代特征的价值体系。高校治理理念追求"富强、民主、文明、和谐"的目标，以"自由、平等、公正、法治"为依托，嵌入"爱国、敬业、诚信、友善"的道德规范，凝

---

① 习近平.在庆祝中国共产党成立100周年大会上的讲话[N].人民日报，2021-07-02（002）.
② 王炳林，张雨.伟大建党精神和中国共产党精神谱系的关系探析[J].中国高校社会科学，2021（5）：19-30，156.

· 25 ·

练大学精神与办学理念，融入全过程、全要素、全方位的高校治理，形成学术自治、依法治校、民主办学、社会参与、科学管理、内外协调的治理局面。

第三节　高等院校治理的战略使命

战略使命是高等院校治理的崇高责任和价值追求，决定了高等院校治理是什么和应该做什么，致力于战略目标的实现，体现出高等院校治理的战略举措和前进方向。我国高等院校治理的战略使命的核心在于加强党的全面领导，并以优化组织权力与个体权利的关系为主线，以制度机制建设为基础，以多主体协同的方案为护翼，从而为优化高等教育治理体系和治理能力、提升高等教育质量、建设高等教育强国注入力量。

一、以加强党的全面领导为核心

党的领导是中国特色社会主义大学的本质特征，是推进高等院校治理现代化的最大制度优势。推进高等院校治理现代化的第一要义是加强党的全面领导，以提供坚强的政治保证和重要支撑，发挥高校治理的最大效能。

第一，加强思想政治教育工作。党的政治建设是高校治理体系和治理能力现代化的思想引领与根本遵循，思想政治教育工作是党的优良传统和政治优势，是高校各项工作的生命线，要把思想政治工作落到实处，贯穿教育教学全过程，实现全员育人、全过程育人、全方位育人。同时，要推进学生思政、教师思政、课程思政、学科思政、环境思政"五个思政"建设，坚持政治性与学理性、价值性与知识性、建设性与批判性、理论性与实践性、统一性与多样性相互结合、彼此联结。另外，要创新思想政治教育工作方式方法，以文化人、以情感人、以实践育人；加强思政师资队伍建设，提升教师工作能力和水平，把握学生成长规律和教书育人规律，用习近平新时代中国特色社会主义思想铸魂育人。

第二，落实立德树人根本任务。继党的十八大报告首次将"立德树人"确立为教育的根本任务，党的十九大报告进一步指出要"落实立德树人根本任务"。2018年，习近平总书记在北京大学师生座谈会上指出："'才者，德之资也；德者，才之帅也。'人才培养一定是育人和育才相统一的过程，而育人是本。人无德不立，育人的根本在于立德。这是人才培养的辩证法。办学就要尊重这个规律，否则就办不好学。要把立德树人的成效作为检验学校一切工作的根本标准，真正做到以文化人、以德育人，不断提高学生思想水平、政治觉悟、道德品质、文化素养，做到明大德、守公德、严私德。要把立德树人内化到大学建设和管理各领域、各方面、各环节，做到以树人为核心，以立德为根本。"①高校要推进办学体制机制改革，促进育人方式、办学模式、管理体制、保障机制改革，建立促进学生身心健康、全面发展的长效机制。

第三，强化党对高校意识形态工作的领导权。"古今中外，关于教育和办学，思想流派繁多，理论观点各异，但在教育必须培养社会发展所需要的人这一点上是有共识的。培养社会发展所需要的人，说具体了，就是培养社会发展、知识积累、文化传承、国家存续、制度运行所要求的人。所以，古今中外，每个国家都是按照自己的政治要求来培养人的，世界一流大学都是在服务自己国家发展中成长起来的。我国社会主义教育就是要培养社会主义建设者和接班人。"②我国要完善党组织引领高校决策监督的治理体系，保障党对高校意识形态工作的领导权，坚持党委领导下的校长负责制，健全党委统一领导、党政工团齐抓共管的工作机制，保证正确的政治方向，增强社会主义意识形态的凝聚力和引领力。

第四，加强基层党建工作。高校治理中要强化基层党组织的整体功能，巩固党的执政基础；加强高校各级各类党组织建设，优化组织设置、理顺组织关系、开展组织活动、提升组织的凝聚力；完善体制机制，发挥党组织的核心作用，实现党的组织和工作全覆盖；健全党组织参与决策制度，在大学章程中明确相应的程序，高校党组织领导班子成员通过法定程序进入高校决策机构和行政管理机构，党员校长、副校长等行政机构成员可以按照党的有关规定进入党组织领导班子；提升党员的思想觉悟和政治觉悟，建设科学、严密、高效的高校党建工作体系，为充分发挥高校治理效能奠定基础。

二、以优化组织权力与个体权利的关系为主线

在社会主义制度下，以优化组织权力与个体权利的关系为主线，创新优化

---

① 习近平. 在北京大学师生座谈会上的讲话[N]. 人民日报，2018-05-03（002）.
② 习近平. 在北京大学师生座谈会上的讲话[N]. 人民日报，2018-05-03（002）.

治理的结构和流程，建构和运行全新的治理关系，走出一条组织权力与个体权利互强、互构、互证、互补的互动辩证发展，科学治理与民主治理有机结合的中国特色高等院校治理道路，构建高等院校治理的合理性与合法性、有效性与民主性有机结合模式。

第一，优化组织权力的关系。院校治理中的组织权力主要包括由党委会、校长办公会等履行的党政权力和由学术委员会等履行的学术权力等，围绕权力运行表现为决策权、执行权、监督权等。有的由于教育观念、治理理念、治理方式等方面的差异，以及学术群体与党政群体的力量失衡，高校治理结构中学术群体、学术管理组织的话语权较弱，相关学术事务管理受到党政权力的过度干涉，难以发挥专家治校、教授治学的作用。高校要厘清党政权力与学术权力的界限和职责范围，优化组织权力关系，分工明确，各司其职，促进二者相辅相成、相互支持。既要为高校发展提供必要的物质条件和制度保证，又要尊重学术自由与学术发展规律，形成规范有序、鼓励创新的学术环境与氛围。

第二，优化个体权利的关系。个体权利主要包括教职工权利、学生权利及其他治理相关方的权利，如教师的教学权、课程权、教研权、培训权等，学生的人身权、财产权、受教育权等，家长的问责权、监督权等。优化个体权利关系，强调个体权利之间的平衡，促进师生、家校、校友与在校生等个体之间的良性互动，履行各自的职责，重视个体利益、个体声音，尊重人的个性，重视个体的发展，在治理过程中广泛征求个体的意见，激发个体参与治理的积极性和自主性，重视个体需求，确保个体权利的充分表达。

第三，优化组织权力与个体权利的关系。虽然组织权力的运行涵盖保障个体权利的内容，但个体权利在院校治理中仍然不能忽视。例如，《中华人民共和国高等教育法》规定，学术委员会要履行审议学科建设、专业设置，教学、科学研究计划方案；评定教学、科学研究成果；调查、处理学术纠纷；调查、认定学术不端行为；按照章程审议、决定有关学术发展、学术评价、学术规范的其他事项。虽然这有助于保障教师的学术权利，但其成员构成毕竟只占很小的比例，代表的是部分群体的意见，有时无法全面反映和体现教师个体的意志，个体的声音应获得尊重，个体的权利应予以彰显。院校治理的战略使命在于，行政权力和学术权力能够相互配合，缓和冲突，充分凸显院校的学术本位，致力于发挥院校在教学、科研与社会服务方面的应有功能；同时，在组织权力运行的过程中，作为个体的权利应有反映、表达、保障、申诉、维护的渠道、空间和制度保障。既要充分发挥组织权力的效能，又要充分保障个体权利的落实，从而形成组织权力与个体权利的良性互动关系，并在利益实现与分配、权力运行、权利保障的过程中不断优化。

三、以健全完善制度机制为基础

第一，以坚持和完善中国特色社会主义高等院校制度为治理现代化的实施路径，发挥根本制度、基本制度和重要制度的显著优势，建设、发展、完善和创新现代大学制度。中国特色社会主义高等院校制度是一个制度体系，其根本制度是党委领导下的校长负责制，基本制度包括学术委员会制度、教职工代表大会制度、理事会制度、学生代表大会制度等，重要制度包括决策议事规则、人事管理规则、财务管理规则、学生管理规则、招生管理规则、合作办学规则、后勤管理规则等。①中国特色社会主义高等院校制度具有领导力优势、决策力优势和执行力优势，能够提供坚强有力的领导保证、组织保障、人才保障，实施更加科学、有效的决策权，具有强大的组织凝聚力，能充分调动资源，集中力量办大事。我们要进一步推动现代大学制度建设和"放管服"改革，转变政府职能，落实高校办学的自主权，营造良好的治理环境；完善法律法规，建立健全法律保障制度，加强大学章程建设，促进依法治校，保障学术权力行使有法可依、有章可循。

第二，以制度改革释放巨大活力，并以制度建设牵引、促进现代化文化和人格的塑造，提升人的现代化素质和能力。社会现代化经历了从器物、制度到文化现代化的发展历程，最终要以实现人的现代化为核心要义。教育通过影响人的人格塑造而实现文化的代际传递与创新，现代化文化的形成要依托人自身的发展，要依靠现代化的教育内容与教育方式。相比传统人，现代人具有较强的参与意识、明确的个人效率感、独立性与自主性、思想的开放性等特征，现代人特性的增加是社会现代化的重要标志，人格的塑造需要相应的制度变革与调整。高校应通过制度机制改革，激发主体参与治理的自觉意识，提高人的文化素质、道德修养，塑造符合社会主义发展的现代人格素质与能力，培养德智体美劳全面发展的社会主义建设者和接班人。

第三，重视构建和强化制度的执行机制建设，使得制度切实成为治理的抓

---

①邓传淮. 推动中国特色现代大学制度建设［J］. 中国高教研究，2020（2）：6-8.

手,并将其转化为治理的效能。高校治理现代化强调共同治理与共同决策,需要不断完善高校决策咨询机制,重视科学决策与执行机制建设,促进社会各主体参与高校治理的决策咨询和监督机制建设,建立科学的教学科研评价机制,改革人才培养机制,健全章程执行机制,健全组织机构,制定系统化、可操作化的实施细则,涉及具体治理实施程序、执行机构、监督评估等多方面,从而充分发挥制度的整合作用,提高治理效能。

四、以持续改进多主体协同方案为路径

高等院校治理现代化的协同共治方略,首先体现为在中国共产党领导下,形成政府、市场、社会和师生员工等治理相关方共同治理的结构与格局,即"一核多元"的治理共同体的构建和实施。我国院校治理要从片面依靠政府的单一行政管理模式转向政府、市场、高校多方参与的协同治理模式。从中央到地方政府相关部门,均在院校治理中发挥着应有的作用;用人单位、第三方评价机构、学生家长、校友等市场主体,均会对院校治理产生影响;以党委书记为领导的党务部门、以校长为代表的行政部门、以学术委员会为中心的学术治理体系、以教职工代表大会和学生代表大会为核心的民主管理体系,均要共同参与院校治理。

第一,建构多元主体之间的良性互动关系,形成协同和协商治理的集体行动。一方面,在多元共识的基础上,高等院校治理现代化成为全体相关方共建共治共享的共同行为,形成人人平等、人人参与、人人尽责的局面,推进政党、国家、政府、企业、社会与公民协同共治。另一方面,以人为本,促进人的发展,立足人才培养的根本目标,充分调动各主体的积极性和主动性,激发其办学活力,维护治理秩序,促进系统治理、综合治理、依法治理有机结合,建立多主体之间的互联、互动、互补机制,促进高校治理的法治化、科学化、专业化、民主化、制度化。

第二,统筹推进制度建设、纪律建设和伦理建设。要加强制度建设,促进要素创新与体系创新,保证现代大学制度的贯彻落实,将多主体的协同治理方案以制度形式常态化、具体化;加强纪律建设,突出教育功能、预防功能,明确各治理主体的权责范围和履职要求,细化各治理主体的行为准则和规范条例,强化监督执纪问责,划分权力的边界,促进权力的相互制约与制衡,强化高校反腐倡廉工作,将权力关进制度的笼子里;加强伦理建设,重视育人伦

理、教学伦理、科研诚信与学术伦理等，对各治理主体的伦理价值进行规范，如完善学术规范准则，防止学术失范行为；建立学术伦理委员会，开展学术伦理审查与监督。制度建设、纪律建设和伦理建设的共同性在于推动制度与人的耦合，既要促进高校治理的制度化发展，又要推动人的道德素质与行为品格的提升，从而为多主体协同提供多重制度保障。

第二章
高等院校理念定位与目标引领

高等院校要实现高质量发展，通常强调建设一流学校、一流大学、一流学科，从某种意义上把"一流"理解为知识、技术、能力的一流，比如，一所学校的金课多、各种奖项多、硬件好，这确实是一流。与此同时，还要有理念的一流。从历史发展来看，在过去的高等院校治理中，相对于发达国家，我们的知识、技术贫乏，所以那个时候我们先提出要知识、技术一流。从发展角度来看，现在形势发展变化很快，我们再看一流的时候，理念的一流不可或缺。随着知识跨国界的全球化传播，我们跨过知识贫乏这个坎之后，精神理念的一流就变得尤为重要。我们要在已经达到的知识、技术水平上再进一步进行创造，一定要以理念精神为动力。

从现存难题来看，以往知识、技术水平高和精神理念的境界高在有些人身上出现脱节，结果出现了"精致的利己主义者"，这成了必须引起重视的问题。再换个角度来看，随着科技的发展，比如，互联网、大数据、人工智能、区块链、数字化推着高等教育走了一段时间之后，在有的群体身上，技术的力量变成了生命本身，而人的健康发展反而受到遮蔽。如果没有相应的精神理念来引导这种唯技术逻辑，其很容易跟财富逻辑、权力逻辑结合起来，成为一种很强大的力量，有些时候容易被误以为是现代化的全部内容。实际上，从高等教育现代化的本质来看，我们既不是对知识的单一依赖，也不是对技术的单一依赖，而要始终促进人的全面发展，这既是我们的理念，也是我们的时代任务。

《辞海》中的"理念"是指观念或思想。①高等教育界一些同仁对"理念"进行了阐释：一是理性认识；二是理想追求；三是思想观念；四是哲学观点。②当前，"立德树人"是每所高等院校的根本任务，自立自强是学术创新的时代责任，践行"四为"服务是支撑发展的共同方向，成为高等院校治理的共同理念和目标。

第一节 以立德树人铸魂育人

我国高等教育领域不断涌现出一批大师，烛照杏坛，受人敬仰。李达早年就参加创党建党，有着独特的资历和声望；他后来担任包括武汉大学在内的若干所大学的校长，是一位理论家、宣传家、教育家，坚守理想、坚持信念、勇于牺牲、不计个人回报。袁隆平院士研发杂交水稻，克服了许多困难，让中国人把饭碗牢牢端在自己的手上，体现出不畏艰难、勇于克服重重障碍的精神。钟南山院士为防疫工作做出重要贡献，不怕被别人质疑，体现出尊重生命、尊重科学的精神。这几位大师身上的精神，也是高等院校所需教育家精神的具体体现。高等院校将落实立德树人根本任务作为根本要求，把立德树人作为衡量所有高等学校办学成效的根本标准。

为了深入贯彻全国教育大会、高校思政工作会、学校思政课教师座谈会的会议精神，全面落实立德树人根本任务，着力破除"五唯"顽瘴痼疾，从根本

---

① 辞海编辑委员会. 辞海（中）[M]. 上海：上海辞书出版社，1979：2776.
② 韩延明. 大学理念探析[D]. 厦门：厦门大学，2000：23.

上解决教育评价指挥棒问题。我们采用了文本分析法梳理了改革开放以来关于立德树人的重要讲话、政策及资料文本，分析现有政策要求和关键内容；运用案例分析法收集了 43 所高校和院系落实立德树人根本任务的实践探索案例，探寻典型经验与启示；采用访谈法调研了全国十多个省的 58 所高校的 72 位专家（学科专家、学工部门负责人、教务部门负责人、教学评估专家），总结、分析了高校落实立德树人根本任务的时代内涵、主要现状、实施效果及现存问题。

一、高校坚持立德树人，落实成效日渐显现

（一）立德树人概念内涵科学化

2018 年，习近平总书记在北京大学师生座谈会上对"立德树人"做出了重要论述，强调"要把立德树人的成效作为检验学校一切工作的根本标准，真正做到以文化人、以德育人，不断提高学生思想水平、政治觉悟、道德品质、文化素养，做到明大德、守公德、严私德。要把立德树人内化到大学建设和管理各领域、各方面、各环节，做到以树人为核心，以立德为根本"[①]。

立德树人是"立育人之德"与"树有德之人"的有机统一。立什么德？需要强调构建共产主义理想信念，牢固确立社会主义核心价值观，厚植中华传统美德，弘扬民族精神和时代精神，树立人类命运共同体意识。树什么人？即培养担当民族复兴大任的时代新人，培养有理想信念、有爱国主义情怀、品德高尚、知识见识广博、有奋斗精神、综合素质高的德智体美劳全面发展的人，培养拥护中国共产党领导和我国社会主义制度、立志为中国特色社会主义事业奋斗终身的有用人才。

（二）立德树人模式系统化

在课程教学中立德树人，加强思政课建设，强化专业课育人功能，完善立德树人课程体系建设，改革教学教材，革新教学设计；在课后实践中立德树人，建立区域合作、校企共建机制，树立德育榜样；在互联网背景下立德树人，运用"互联网+"搭建思想道德教育新平台；在加强教师队伍建设中立德树人，加强德育施教与师德师风建设；在"三全育人"综合改革下立德树人，构

---

① 习近平. 在北京大学师生座谈会上的讲话［N］. 人民日报，2018-05-03（002）.

建"十大育人"体系,统筹育人资源;在校园文化中立德树人,依托大学精神营造校园文化,扎根传统文化,提升人文素养。

(三)立德树人典型经验多样化

全面贯彻党的教育方针,在坚定理想信念上下功夫;立足院校办学特色,构建系统化的德育体系;加强教师队伍建设,提高思政课教师的综合素质;坚守思政教育主阵地,创新思政课课程体系;协调推进校园文化建设,引领立德树人新风尚,高校内部形成良好的教风、学风和校风,是立德树人理念的具体体现。启智润心的师生行为、表情和举止,同样是铸魂育人的一部分,这些元素共同构成了学校的独特风貌,也是立德树人理念得以生根发芽的土壤。

二、科学理解概念内涵和理论体系,增强立德树人工作的价值引领作用

有些学校对立德树人科学内涵的理解不深入、落实不到位,如将立德树人系统工作"窄化"为思想政治教育和道德教育,对"立什么德""树什么人"不清楚,重科研、轻育人的实用主义倾向比较明显。有些部门和学校的立德树人价值引领与青年成长规律的契合度不够,政理阐释空泛、学理支撑不足、事理分析不透,在落实立德树人工作中思路理不清、办法找不准,弱化了立德树人的政治导向。

针对这些问题,相关部门和学校提高对立德树人内涵的理解能力,引导教育系统内外相关群体全面理解立德树人的概念内涵和理论体系。提高思政教育知识传授和价值引领的整合能力,将知识传授、价值引领与思政教育结合起来,提高知识传授和价值引领的融合度,为增强学生的理论思维夯实基础。多角度呈现典型人物和感人事迹,充分展示人民群众的主体性与历史地位、中国共产党人的初心和使命、中国特色社会主义制度的显著优势,既重视人物事迹讲述的生动性,又重视思想理论阐述的深刻性,引导学生不断坚定"四个自信"。

三、完善内容体系,促进思政和专业课程一体化发展

有的学校的立德树人课程体系不健全、实效性不强,表现在:①大中小学课程改革整体规划、协同推进不够,与立德树人的要求还存在一定差距,重智

育轻德育，盲目追求升学、排名和就业率的现象仍然存在。②经济全球化深入发展，信息网络技术突飞猛进，各种思想文化的交流、交融、交锋更加频繁，大学生的成长环境发生了深刻变化，对立德树人课程改革提出更高的要求。③大中小学立德树人课程目标、定位、内容等一体化设计不够，有的在目标上不清晰、衔接不够，部分内容简单机械、交叉重复，教材的系统性、适宜性不强。

完善内容体系，需要打造全方位课程教材链条。一是高校要加强立德树人课程体系建设，将立德树人根本任务和具体要求纳入学校课程设置管理的综合体系，以课程建设主渠道来撬动立德树人任务的落实和育人模式的变革。二是高校要将立德树人渗透到德育、智育、体育、美育和劳动教育中，融入人才培养各环节、教育教学各领域，研究制定落实高校立德树人工作指导纲要，强化"五育"并举的整体性和系统性。三是高校要充分挖掘各学科育人资源，将思政课作为关键课程，用好国家统编教材，发挥人文学科的独特育人优势、科学技术等课程的育人价值，构建全面覆盖、类型丰富、层次递进、相互支撑的课程体系，增强各类课程的协同效应。四是高校可以将实际生活中涌现的爱国主义素材融入教学内容，进一步增强青年学生的民族自豪感和国家荣誉感。

四、健全评价体系，提高科学检验教书育人工作的能力

有的学校的立德树人评价制度导向和标准体系有待健全，表现在：①立德树人的考核机制尚缺乏客观、有效的标准和体系，有的高校还存在"五唯"现象，在一定程度上不利于激发教师立德树人的积极性。②对立德树人工作的考核评价存在"软、弱、碎、缺"等现象，实招、硬招较少，指挥棒作用没有发挥好。③缺少对立德树人实施效果的评估与反馈机制，师生的意见及建议缺少向上反馈的渠道，高校落实立德树人整体效果评估需要体系化指标和办法。

健全评价体系，需要统筹优化制度机制。一是高校及相关部门应将立德树人要求纳入各级各类教育的人才培养方案、各级地方政府履行教育职责的评价体系，并将其作为检验学校一切工作的根本标准。同时，要完善学校立德树人效果评价制度，健全评估监测机制，定期督导落实立德树人根本任务。二是高校应建立以立德树人成果质量和实质贡献为导向的学校与教师评价体系，明确大中小学教师立德树人的职责，研究制定教师落实立德树人根本任务的标准体系，引导教师潜心教书、安心育人。三是高校应完善学生评价政策体系，建立能够较好地反馈学习过程、学习结果、学习增值、综合素养的教育评价制度和

机制，营造良好学风，引导学生破除功利，潜心向学，发展综合素养。四是高校应改进结果评价，强化过程评价，探索增值评价，健全综合评价，坚持把成果写在大地上，就像把论文写在工作第一线、把研究成果优先应用到真实情景中一样。各地各校和广大教师要勇挑重担、敢于担当，把主要精力投入立德树人工作，把成果应用到教书育人的第一线，严禁简单用学生升学率、考试成绩、就业率等指标评价学校和教师。

五、全面加强师资队伍建设，提高落实立德树人根本任务的能力

有的学校的立德树人队伍建设相对滞后，表现在：①队伍结构有待完善、数量亟待补充、素质能力急需提升；激励机制不足、职业认同感有所下降，在调动教师的积极性、主动性、创造性方面面临挑战。②师德师风建设制度不完善、长效机制不健全，内部管理中碍于情面存在"宽松软""息事宁人"现象，个别失德失范行为影响了高校声誉和教师职业形象。③高校辅导员、班主任队伍建设需要加强，学生工作队伍尤其是辅导员群体因结构、社会阅历、专业知识等客观限制，有的世界观和价值观处于形成中，在辨别是非、理想信念、价值选择等方面还不够成熟。

强化师资队伍，需要推进体系化的能力建设。一是高校要提高专业队伍培养能力，将社会主义核心价值观和立德树人理念纳入教师教育课程体系，融入教师职前培养和准入、职后培训和管理的全过程。提高教师整合开发育人资源的能力，制定立德树人能力提升专项培训计划，着力提高教师线上教育与线下教育协同能力，使线上资源和线下教育双线协同发力。二是高校应健全专业课教师队伍、教辅人员队伍、思政队伍、管理队伍、服务队伍、离退休队伍等不同队伍之间的沟通协商机制，定期交流、研讨立德树人工作。三是高校需要提高教师立德树人工作评价能力，研究制定教师落实立德树人工作的跟踪评估、效果监测和反馈使用标准，健全对教师多元化工作和成果形式的认同机制，重塑教书育人的执着、热爱教育的定力、淡泊名利的坚守。四是高校教师在教学中可以结合实践一线青年的先进事迹和精彩表现，让学生学有榜样、赶有目标，采取互动式、启发式、交流式等教学方法，既讲道理又讲情怀，既讲现实又讲事实，字字讲到最"渴"处、句句暖到心坎上，鼓励他们在为人民服务中茁壮成长，在艰苦奋斗中砥砺意志品质，在实践中增长工作本领。

六、健全落实协同体系，提高育人资源和育人力量统筹能力

有的学校的育人资源需要整合优化，表现在：①缺少对立德树人工作的整体统筹考虑，缺乏相关政策制度、理念标准、举措路径、方式方法、效果评价的系统研究和顶层设计。②人财物配套制度体系还没有聚焦到立德树人这一根本任务上来，在压紧压实责任、实现有效衔接、健全落实机制方面面临较大的挑战。③协同育人机制没有形成，育人过程中"条块分割""各自为政"的现象依然存在，协同育人的长效机制尚未形成完整体系。

落实协同体系，需要落实统筹联动机制。一是健全党对立德树人工作的全面领导体系，各级党组织应把领导各校落实立德树人根本任务纳入重要议事日程，成立相应的领导机构；支持和鼓励多方力量积极参与立德树人工作，充分发挥家庭教育的基础作用、学校教育的主阵地作用、社会教育的延伸作用和媒体宣传的引导作用，同台唱好立德树人的大戏。二是健全制度支撑体系，设立专项工作经费，为立德树人工作提供完善的平台、教学和空间保障。同时，加强政策制度、理念标准、举措路径、效果评价的系统研究和顶层设计，把立德树人"软目标"变成"硬指标"。三是健全工作保障体系，尤其是在重大事件发生时，围绕立德树人整体工作来配置人员、经费、物质资源，形成全员、全方位、全过程落实机制。四是借鉴我国集中力量办大事的成功经验，彰显中国特色社会主义的制度优势，建立健全落实立德树人根本任务的长效机制。

✦ 第二节　以自立自强繁荣学术

实现高质量发展，我国比以往任何时候都更加需要高校科学研究发挥更强劲的支撑作用；改善民生福祉，我国比以往任何时候都更需要高校提出科学技术解决方案。高等院校保障科研发展，需要紧扣国家发展目标，解决"国家发展和安全重大难题"，以高度的历史责任感和使命感深入推进落实创新驱动发展战略，驱动新时期的国家发展与进步，支撑实现中华民族伟大复兴的中国梦。

一、明确服务国家需求的高校科研发展方位

当今世界正进入动荡变革期，我国"十四五"时期及更长时期的发展或将面临逆风逆水的国际大环境。工业 4.0 是国家发展的创新导向阶段，以科技和创

新为主题，我国目前仍有部分核心技术、关键材料受制于人。统筹经济社会发展全局，我国迫切需要增强科技创新能力。高校作为国家创新能力、创新人才、创新技术的重要结合点，宜主动承担起创新驱动发展战略排头兵、先锋队和生力军的重任。"十四五"时期，高校科研创新面临新挑战、新任务，精准把握高校科研发展的需求与趋势，深入剖析高校科研改革的需求与难点，研究激发高校科研创新的具体措施，探索提升产学研用深度融合的模式，是新时期高校科研发展聚焦国家发展和安全重大难题的新要求。

（一）现代科学技术进入新的发展期

在新一轮科技革命的背景下，基础研究对技术进步和经济发展的影响更加直接、更为深远，全球科技创新进入新一轮活跃期。一是现代科学技术的发展进入大科学时代。随着新技术革命的到来，科学技术与工程技术迅速渗透、融合，新兴学科不断出现，前沿领域不断拓展，科学研究模式不断重构，跨学科、跨界合作和产学研合作已成为当今世界发展的主流趋势，基础科学领域的重大突破趋势已见端倪。二是以智能制造、绿色泛在为特征的技术革命正在兴起，人类科技的革命性突破正在发生。近年来，基础科学领域不断取得突破，有关宇宙演化、物质结构、生命起源等重大基础问题有望取得重大突破。信息技术、新材料技术、生物技术、新能源开发等正在带动整个科学领域发生以智能、绿色及泛在为基本特征的技术革命。

（二）主要发达国家围绕基础前沿技术做出新布局

在全球经济科技格局剧烈调整的新形势下，全球新一轮科技革命和产业变革深入发展，世界主要国家围绕基础前沿和关键核心技术的竞争更趋激烈。一是美国充分利用基础研究优势加速成果研发和转换。2020年5月，美国参议院通过《无限边疆法案》（The Endless Frontier Act），将人工智能、机器人、数据存储与管理、网络安全、灾害预防、生物技术、新能源技术等标注为科技重点突破领域。在国家科学基金会下设技术局，并将资助1000亿美元用于关键核心技术的开发与转化。[①]二是欧盟追加基础研究投资促进成果产出。欧盟正在基础研究领域做出重大战略部署，计划在人脑计划、量子技术、石墨烯三大未来新

---

① 刘国柱. 应对大国科技竞争的美国《无限边疆法案》[J]. 世界知识，2020（24）：56-57.

兴技术项目分别投入 10 亿欧元。三是亚洲部分创新型发达国家也加大了对基础研究的投入。比如，韩国制定"人工智能研发战略（2018—2022）"，投入 2.2 兆韩元（约合 130 亿元人民币），支持韩国人工智能领域的科技研发与实验工作，以及高精尖科技人才的培养工作。①

（三）高等院校对科研创新的重视程度逐渐提高

建立健全高校科研创新体系，是国家创新体系建设工作的重中之重。各国均重视高校科研创新体系的建设，出台了与本国发展相适应的法规政策。一是优化科研经费分配制度，缩短创新成果转化周期。德国依照《德意志联邦共和国基本法》（Grundgesetz für die Bundesrepublik Deutschland），以项目资助、机构资助、部属研究机构资助等方式，实现资金的高效分配。二是完善科研成果评价体系，提高高校创新成果转化的积极性。澳大利亚建立了符合国际标准的科研成果评价机制，包括科研收入、产出总量、商业收入等应用测量指标和知名学术团体人数等声誉测量指标。三是建立高层次师资队伍，强调团队创新的力量。美国高校依托高端前沿的知识数据库、先进的科研技术设备、优良的科技创新环境、丰厚的科研薪酬奖励等资源，以吸引世界各地的学术权威与科技顶尖人才；鼓励教师依靠团队的创新力量，通过研讨磨合、灵活创造、系统解决问题等途径来促进创新的产生和转化。

（四）高校科研服务创新驱动发展的能力显著提升

创新、科研受到国家政策和制度的充分关切。相关政策逐渐凸显了对高校科研创新的诉求，以不断提升高校服务国家创新驱动发展战略的能力。一是明确科技和创新的战略地位，坚定实施创新驱动发展战略。2015年，《中共中央 国务院关于深化体制机制改革加快实施创新驱动发展战略的若干意见》发布，提出把人才作为创新的第一资源，把科技创新摆在国家发展全局的核心位置，统筹推进科技体制改革。二是注重激发创新主体的活力，促进高校科研体制改革。2016年，中共中央、国务院发布《国家创新驱动发展战略纲要》，进一步强调了高校、科研院所在教育创新驱动工作中的重要战略地位，提出加快形成科

---

① 姜桂兴. 聚焦基础科学 引领未来发展［EB/OL］.（2019-09-12）［2020-12-25］. http://epaper.gmw.cn/gmrb/html/2019-09/12/nw.D110000gmrb_20190912_2-14.htm.

技创新与体制机制创新"双轮驱动",构建高效的国家创新体系,为形成创新要素流通顺畅、创新资源配置优化的生态系统提供政策支持和制度保障。三是强调创新人才培养,系统提升科研创新水平。2019年,《中国教育现代化2035》明确提出,要加强高等学校创新体系建设,健全有利于激发创新活力和促进科技成果转化的科研体制,优化人才培养结构,加强创新人才特别是拔尖创新人才的培养。

(五)我国高质量发展亟需占据基础研究制高点

在高质量发展时期,经济发展急需从要素驱动转变为创新驱动,需加快强化国家创新体系的基础创新动能。一是经济创新驱动需要以原始创新为抓手。我国多数关键核心技术领域仍面临"卡脖子"问题,核心技术傍人篱落,迫切需要完善我国的自主科技创新体系,破解一些长期以来一直困扰着基础研究质量发展的深层次问题,切实提升原始创新能力。二是国家对科技创新的厚望为基础研究与科技创新提供了强大动力。党中央、国务院坚持全局思维,为抢抓新一轮科技革命和产业变革的重大机遇提供支撑。同时,瞄准人工智能、量子信息、集成电路、脑科学、空天科技、深地深海等前沿领域,实施一批具有前瞻性、战略性的国家重大科技项目[1],有助于科技强国目标的实现。三是与全球科技革命的竞争,抢占科技创新制高点需要基础研究提供供给和支持。越是"源头技术",基础研究的不确定性越大。基础研究创新是开拓性创新,是产生新原理、新方法、新理论的创新行为,只有基础创新突破,才能为不同领域的应用创新提供源头供给。

二、高校科研发展的主要瓶颈

(一)高校科研效能与服务创新驱动发展的新趋势不适应

一些高校科研存在创新应用性不足、产研融合程度不高、结构性脱节等问题,限制了高校为经济发展的赋能。一是科研问题与社会实际的对接性有待增强。高校院系的封闭性较强,科研人员对社会实际问题的关注较少,导致研究

---

[1] 王立华. 王志刚:坚持科技自立自强 强化科技战略支撑[J]. 中国科技奖励,2021(1):12-15.

成果有效转化的路径不畅。二是高校科研与经济发展需求的联系有待强化。高校科研创新主体在宏观决策和国家战略方面的服务能力不强，与区域经济发展的联系不紧密。三是关键核心技术的"卡脖子"问题有待突破。制约我国高校科研发展的主要因素之一是科研成果的质量不高，专利转让比例较低，重数量、轻质量和重申请、轻实施的问题依然存在，服务国家创新驱动发展战略的作用不突出。

（二）高校科研体系与服务创新驱动发展的新需求不适应

创新集聚是高校科研体系建设的重要推动力，创新基地是高校科研体系建设的重要载体，提升原始创新能力是高校科研体系建设的重要目标之一，直接关系到我国产业竞争力及国家综合竞争力水平。加快提升高校科研创新能力，必须深度挖掘高校科研体系的潜力，努力营造科研创新的环境。一是创新基地的助推器作用尚待强化。一些高校在创新基地建设上存在数量缺乏、质量不高、使用效率较低等问题，应注重完善体制机制，综合施策，全方位推进，促进运行管理机制、激励机制、联动管理机制、人才培养及合作交流机制等与服务创新驱动发展相适应。二是创新集聚程度有待提高。高校科研创新基地和体系的总体数量不足、建设水平不高、融合程度不高、开放性较低、与市场联系不密切等问题，有待全方位解决。三是高校原始创新的根基有待夯实。基础研究是原始创新的根基，基础研究经费投入和人员储备不足，在一定程度上制约了原始创新潜能的充分发挥，需要进一步激励高校教师产出高水平的科技成果，加速创新人才培育，提升高校科技的原始创新能力。

（三）高校科研体制与服务创新驱动发展的新任务不适应

推进高校科研体制改革是提升高校科研创新能力、服务创新驱动发展的关键抓手。助推实施国家创新驱动发展战略，要找准制约高校科技创新的关键环节、瓶颈问题。一是保障体系有待完善。高校R&D（research and development，科学研究与试验发展）经费支出在全国R&D经费支出中的占比有待提高，产业协同资助高校科研的力度不强。市场的导向作用尚未完全发挥，政府对高校科研的调控较多，行政服务优化的空间较大。二是组织机构建设有待健全。组织机构不健全在一定程度上影响了高校科研创新和成果转化效率。高校科研组织机构管理存在管理中心过于集中或分散、体制不完善、职责不清晰，转移机构数量较少、作用有限等问题，限制了高校科研创新能力的提升。三是激励制度有待优化。科研激励制度是促进高校科研创新能力提升最为直接、效力最强的手段。国家出台了一系列政策与措施，但具体落实过程中仍存在环境不协调、机制不适应、落实不到位等问题，高校科研评价的良好生态尚未形成。

（四）产学研用模式与服务创新驱动发展的新要求不适应

产学研用高度融合模式，为高校科研服务创新驱动发展战略提供了系统性支撑。高校需要打破产学研用课程设计与实践结合不紧密、教师指导能力有待提升、产业积极性不高等困局。一是适应产学研用的学科体系有待调整。高校学科设置专门性较强、交叉性不足、实践性不够、同质化较高等现象仍然存在，课程设计重知识轻实践、重理论素养轻综合素养，学科体系建设水平不高、产学研用融合程度较低，限制了高校科研创新产出的数量、质量和转化率。二是适应产学研用高度融合模式的指导教师水平有待提升。指导教师在学术伦理、师德师风建设等方面的问题极大地限制了科研创新的产出数量，存在学术资源浪费和重复研究的现象。三是产业界的积极性有待提高。产学研用体系存在产业积极性不高、结构调整不及时、与产业发展结构不适应、社会人才需求培养滞后等问题，亟待产业界发挥主体作用，促进产业的深度支持和融入。

（五）原始创新动力和意识有待增强

一是社会各界对基础科学重要性的认识仍有待提升。我国基础研究起步较晚，加之在发展进程中"纯基础研究""应用研究"等概念不断兴起，社会各界对基础研究的认识具有多样性，更加强调"应用研究"，科技工作者的基础创新原动力不足、科技创新组织和创新文化缺位、创新意识淡薄等问题客观存在。二是一些高校及科研院所的创新动力不足。高校对基础研究创新的热情普遍不高，缺乏一定规模的长期深耕基础理论的科研人员。周期短、收效快的应用型创新项目更受青睐，高校亟须组建心无旁骛、无私奉献的高层次科研团队，增强不同层次和领域的科研工作者的基础创新动力。三是一些企业参与原始创新的意识不强。作为创新主体的企业有自身的活动规律、范围和技术跃迁轨迹，基础研究周期长、经济收益慢的特点与企业的资本逐利性有所冲突，容易造成企业参与原始创新的"惰性"。因此，鼓励和吸纳具有家国情怀的科研创新型企业参与基础创新活动，具有重要的现实意义。

（六）基础研究经费投入模式有待创新

近年来，我国研发总投入增长迅速，但基础研究经费所占比例较低且增长缓慢。一是基础科研经费缺乏稳定支持。建设经费与运行经费是我国科研创新经费投入的主要组成部分，但基础研究创新具有长期性、无计划性和不可预见性，需要长期、稳定的支持。我国科研体系的运行费用大部分来自项目经费，经费周期短、稳定性低，难以满足基础研究的长期需要。二是基础科学研究经费占研发总投入的比例较低。基础科学研究经费占研发总投入的比例长期在 5%上下浮动，与发达国家的基础科学研究经费比例（15%—30%）相比差距甚大。科技投入结构不平衡、基础研究的投入比例偏低，直接影响了原创性、策源性创新成果的产出。三是基础创新研究投入主体单一。2017年，我国基础科学研究投入经费为 920 亿元，较 2011 年增加了 1 倍多，其中政府投入占比超过 90%，企业对基础研究投入所占的比例很低，来自基金会及个人的捐赠几乎是空白。高等学校的情况也是如此，即应用研究经费高于基础研究经费。

（七）基础研究创新基地建设须提质增效

创新基地是高校整体创新能力的"助推器"。我国创新基地建设在一些方面存在短板。一是一些创新基地的建设水平不够高。在创新基地建设水平方面，仍存在科技创新基地建设数量少、质量不高、使用效率较低等问题，未能体现实践的建设价值，或与当地企业协同创新不够，仅作为学生实训基地存在，在科研工程研发、成果转化等方面的功能发挥不足，难以系统地支撑高校创新。二是一些创新基地的管理制度不完善。高校各级各类创新基地建设缺乏系统思维，整体规划意识薄弱，数量多、规模小、重复性高、跨领域程度低，创新基地的整体格局限制了科研创新集成效应的产生。三是一些创新基地的开放性不足。目前，我国协同创新平台建设已达到一定规模，但科技成果与产业应用尚未成功挂钩，迫切需要增加新科技成果转化平台的数量，提升成果转化的质量。少数科技创新基地与市场的联系不够紧密，在知识体系、技术体系、制度体系和服务体系上未能形成一个完整的网络和组织结构。

三、高校科研自立自强的努力方向

（一）坚持"四个面向"，提升高校科研发展整体效能

高校科研自立自强，要坚持面向世界科技前沿、面向经济主战场、面向国家重大需求、面向人民生命健康，突出问题导向、实践取向、正效方向，全面服务国家发展和安全的重大战略需求。一是提升高校科研创新对接实践的程度。关注全球新一轮科技革命对技术发展和关键核心技术的需求，针对国家在全球技术发展中的"卡脖子"问题，开出高校科研清单，加强科研与全球发展趋势、国家发展实际的联系，进一步提升高校科研成果质量，促进科研创新成果转化落地。二是提升高校科研创新服务国家战略需求的能力。高校应坚持国家站位，围绕国家社会经济发展实践，紧扣国家创新驱动发展战略等重大战略需求，深化人才培养模式改革，坚持协同创新，发挥学科综合优势，促进多学科协调发展，以大学科技园区建设为载体，聚合形成科技创新的能力。三是增强高校科研创新与区域经济发展的联系。高校科研创新应从区域重大发展战略需求的角度出发，对接区域产业发展需求，明确适应当地产业发展的人才培养规格，调整学科专业布局，优化人才培养结构，提升高校科研与区域经济发展的对接能力及驱动社会经济发展的能力。

（二）坚持把握规律，有效提升高校科研创新能力

高校是创新链、基地链、政策链、能力链深度融合的关键，需强化高校科研体系建设的整体性、系统性、协同性。一是建设国际一流的高校科研创新基地。高校应完善创新基地统筹机制，补齐创新基地在建设水平、服务能力等方面的短板，发挥自身学科门类齐全、科技人才聚集、基础研究厚实的独特优势，建设一流的高校科研创新基地，支撑国家创新驱动发展。二是促进创新资源高效聚集。要实现跨学科、跨校、跨省、跨区域、跨国的创新人才和创新技术聚集整合，高校要吸引、汇聚世界拔尖创新人才，促进关键共性技术、前沿引领技术、现代工程技术和颠覆性技术的攻关创新。三是加大原始创新能力提升保障。政府应加大基础研究投入，健全鼓励支持基础研究、原始创新的体制机制。政府还应完善国内育才政策、国外引才举措、推进人才聚集等创新人才政策，健全高校科研评价和奖励制度，建立健全人才培养动态调整与更新机制，以原始创新能力激发国家经济发展动力，推动经济内涵式发展。

（三）坚持系统思维，激发高校科研创新活力

高校科研体制改革与创新要把好经验、好做法总结和转变为制度成果，形成促成效、保创新的科研新机制。一是改进高校科研创新保障措施。政府应强化资金保障，平衡高校R&D经费内部支出中政府经费与产业支持的比例，提升高校R&D经费所占比例。政府要优化行政服务，完善政府"里程碑"式管理，加强政府的战略支持和行政服务支撑，减少细节干预，简化行政管理程序，鼓励实现"最多跑一次"等行政改革，实现创新成果"一站式"转化。二是健全高校科研创新组织机制。优化科研创新两级管理体制，明确各级管理机构的职能，加强技术转移机构建设，加强高校科研前沿信息分享，增强高校科研服务的专业性，确保及时获取市场科技信息，并加速面向社会产业推广，互联互通、统筹利用，加强转化服务、提供产权保护，稳妥地推进创新成果转化。三是优化高校科研激励制度。高校应制定多元激励措施，综合使用分类评价、绩效评价、制定奖惩制度等措施，实现科研人员利益最大化、学术和商业双重激励，激发科研人员的研究热情。同时，延长原始创新人员评价周期，加大原始创新成果激励，强化激励制度支撑高校创新，激发高校的创新活力。

（四）坚持改革创新，探索产学研用深度融合模式

高校、政府、产业、社会等各界共同努力、协同创新，打通科技成果转化"最后一公里"，共同跨越科学前沿"最先一公里"。一是优化产学研用学科建设，促进学科交叉融合，大力释放学科建设活力，形成良性互动的学科生态体系。发挥"高校-政府-产业-公民社会""四螺旋"创新模式的巨大优势，实现科研创新多向互动、多主体支撑，促进高校科研创新。二是加强产学研用融合指导力量，发挥高校科技创新实践是经济发展第一动力和重要抓手的关键作用，为实现颠覆性原始创新、高水平科研和创新型科技人才培养贡献根本力量。高校需要重视培育、引入高水平教师队伍，进一步推进部分前沿领域开始进入并跑、领跑阶段，实现科技实力从量的积累迈向质的飞跃，从点的突破迈向系统能力的提升。三是激发高校产教融合的积极性，凝练面向区域、面向行业和产业的驱动发展机制，进一步满足产业利益诉求，提高资源整合程度，提高产学研用一体化融合程度，贯通高校科研成果产生与转化的全过程，实现产学研用的高度融合发展。充分发挥产学研用联盟服务国家创新驱动发展的整体

效能，为实现"最先一公里"科研创新贡献联盟力量。

（五）多渠道增强原始创新动力

一是进一步提高基础研究的战略站位。国家明确把建设创新文化、提升全民科学素质作为社会基础，密切原始创新与应用创新的联系，促进基础创新成果服务国家经济建设、民生建设、国防建设。把科学普及与科技创新放在同等重要的位置，增强公众的知识产权保护意识，保护原创成果，切实解决产权维护举证难、维权成本高等问题。二是为高校营造原始创新氛围。除政府的有效指导外，宽松的、支持性的创新环境更加必要。高校应增强在科研布局、科研选题方面的自主性，促进科研工作者自由探索和自由交流，鼓励科学家开拓新领域、凝练新理论、挖掘新现象、发明新方法。三是增强科研人员的创新意识。原始创新要充分依托不同平台开展，通过资源共享、跨界重构、技术转换打破瓶颈，催生新的研发成果。增强科研人员的跨学科协同攻关意识。推动高校、科研机构与企业通力协作，打通科技链与产业链，由虚转实、由浅转深、由点带面地实现科技与产业的深度融合发展。

（六）创新基础研究经费投入模式

一是依据国家战略稳定增加基础研究投入。《国家创新驱动发展战略纲要》提出，我国到 2050 年建成世界科技创新强国，成为世界主要科学中心和创新高地。这需要促进基础研究的投入比例位居国际前列[1]，需要构建稳定性经费与竞争性经费的合理配置机制，加大对开展基础研究的基地和人才队伍的稳定支持。[2]二是建立多元化基础研究投入机制，引导和动员有条件的省（自治区、直辖市）加大基础研究的投入，逐步提高基础研究的投入比例，根据当地情况设立专项资金支持基础研究，努力解决区域经济社会发展中的重大科学问题；鼓励有经济实力与科研实力的企业投资基础研究项目，引导高校加大基础研究投入；鼓励研究型大学按比例配置经费，平衡三大研发主体（企业、高校和政府

---

[1] 姜桂兴，程如烟. 我国与主要创新型国家基础研究投入比较研究［J］. 世界科技研究与发展，2018（6）：537-548.

[2] 朱迎春. 创新型国家基础研究经费配置模式及其启示［J］. 中国科技论坛，2018（2）：15-22.

研发机构）和三大研发阶段（基础研究、应用研究和试验发展）的协调关系。①三是完善适应基础研究特点和规律的经费管理制度，坚持以人为本，加大对"人才"的支持。优化科研人员管理机制，完善奖励、年薪、学术休假等制度，加快推进经费使用"包干制"的落实落地。推进建立基础研究统筹协调管理机制和经费预算分配机制，减少因多渠道竞争导致的急功近利行为。

（七）建设一批高质量、开放合作的基础创新基地

一是建设基础研究国家实验室体系，发挥国家重点实验室创新平台的带动辐射作用。探索建立国家重点实验室主导申请和主力承担关键核心技术突破项目的机制，促进国家实验创新平台牵头组织全国相关领域的科技力量，发挥集群优势，开展协同攻关，以改革实施运营管理机制，突破制度瓶颈，形成科技创新系统合力。二是推动高校与产业界合作建立概念验证中心。概念验证中心是一种设立在高等院校，多种组织机构与高校合作运行的新型组织模式，旨在促进高校科技成果商业转换。同时，促进产学研紧密合作，推动科技成果转化，支持新型全链条科研闭环的研发机构的发展。三是支持国际化及区域性创新中心建设。以国际化科研协作平台、开放综合示范区、自由贸易试验区等为依托，积极组织和主动参与国际科研创新交流活动，促进高精尖科技领域的高端对话与交流。

第三节 以"四为"服务支撑发展

推进高等教育内涵式发展，分类建设一流大学和一流学科，必须准确把握高等教育的发展方向。2016年，习近平总书记在全国高校思想政治工作会议上明确提出，"我国高等教育发展方向要同我国发展的现实目标和未来方向紧密联系在一起，为人民服务，为中国共产党治国理政服务，为巩固和发展中国特色

---

① 刘建生，玄兆辉，吕永波，等. 创新型国家研发经费投入模式及其启示［J］. 中国科技论坛，2015（3）：5-11.

社会主义制度服务，为改革开放和社会主义现代化建设服务"[①]。"四为"服务深刻阐明了我国高等教育事业发展的宗旨、任务、作用、目的等一系列关键问题，是新时代提升高等教育服务能力必须坚持的方向。

一、全面贯彻教育方针，迈向高质量发展，促进实质性公平，使人民群众的获得感倍增

党的十九大报告进一步强调办好人民满意的教育，要全面贯彻党的教育方针，发展素质教育，推进教育公平，培养德智体美劳全面发展的社会主义建设者和接班人，深刻阐释了高等教育"培养什么人""怎么培养人"的本质问题。为人民服务、办好人民满意的教育，是我国高等教育的根本宗旨。从供需关系看，人民群众是高等教育的主体，如果没有满足人民群众的诉求，高等教育就是无源之水、无本之木，这就要求高等教育的改革发展必须服务人民、造福人民。

党的十八大以来，我国高等教育实现了跨越式增长，高等院校改革发展取得了很大成就，在一定程度上满足了人民群众的多样化需求，有效满足了群众接受高等教育的强烈愿望。高校教学职能回归中心地位，立德树人根本任务不断强化，高等教育区域布局更加均衡，高考录取率最低省份与全国平均水平的差距不断缩小，农村学生接受高等教育的机会明显增多。但我们也要看到，"重智育轻德育"的培养倾向影响了人民群众接受高等教育的积极性；一些农村家庭"因教致贫、因教返贫"，"寒门难出贵子"的现象还没有得到根本改变；优质高等教育资源供给依然存在总量不足和结构不合理的突出问题。随着经济社会发展和高等教育大众化高级阶段的到来，人民群众对高等教育提出优质公平的新需求，盼望高等教育能为个人和家庭带来更多获得感。新形势下，办好人民群众满意的高等教育，需要将为人民服务作为我国高等教育改革发展的根本宗旨，继续坚持立德树人的核心任务、优化高等教育结构布局、提高高等教育质量。

---

① 习近平在全国高校思想政治工作会议上强调 把思想政治工作贯穿教育教学全过程 开创我国高等教育事业发展新局面［EB/OL］．（2016-12-08）［2023-12-10］．http://www.moe.gov.cn/jyb_xwfb/s6052/moe_838/201612/t20161208_291306.html.

第二章　高等院校理念定位与目标引领

（一）以学生为中心，培育时代新人

2016年，习近平总书记在全国高校思想政治工作会议上强调，"高校立身之本在于立德树人。只有培养出一流人才的高校，才能够成为世界一流大学。办好我国高校，办出世界一流大学，必须牢牢抓住全面提高人才培养能力这个核心点"①。高校要以学生为中心、坚持学生主体地位，增强高等教育服务人民群众能力。其一，坚持立德为先。扭转"重智育轻德育"的倾向，把大学生的理想信念和道德教育、社会主义核心价值观教育、优秀传统文化教育、生态文明教育、心理健康教育等融入高等教育的全过程，渗透于教育教学的各环节，贯穿于高校工作的各方面。其二，强化树人为本。创新人才培养机制，推动人才供给和社会需求相适应，培养创新型、复合型、应用型人才。同时，着重提升学生的责任感、创新精神和实践能力，增强大学生的教育获得感，让他们都有机会通过高等教育来提升个体能力、改变自身命运、改善生活境遇，实现每个人"人生出彩"。其三，突出师德建设。把教师作为高等教育事业的第一资源，使其全面担当立德树人的根本使命，将师德教育贯穿教师职业生涯全过程，引导广大教师以德立身、以德立学、以德施教，更好地担起学生健康成长的指导者和引路人的责任。

（二）顺应人民期盼，发展高质量高等教育

未来，高等教育要努力实现更高质量、更有效率、更加公平、更可持续的发展。高等教育面临需求升级和消费升级的"双升级"压力，人民群众的关注点从"有大学上"转向"上好大学"，追求从"高学历"数量转向"高学习"质量，如何扩大高质量的高等教育资源成为当务之急。一是关注学生体验。树立以学生为中心的高等教育质量观，以满足人民群众需求和增强高等教育综合实力为根本目的，将促进大学生综合素质提高作为高等教育质量的评价标准之一，不断提高人民群众的满意度。二是拓展优质资源。把满足人民群众的质量需求作为高等教育供给侧结构性改革的主攻方向，创新业态和方式，丰富类型和特色，为每个大学生提供适合的高等教育。三是健全质量保障体系。加强分

---

① 习近平在全国高校思想政治工作会议上强调 把思想政治工作贯穿教育教学全过程 开创我国高等教育事业发展新局面［EB/OL］.（2016-12-08）［2023-12-10］. http://www.moe.gov.cn/jyb_xwfb/s6052/moe_838/201612/t20161208_291306.html.

类评估、分类指导，以学校自我评估为基础，以院校评估、专业认证及评估、国际评估和教学基本状态数据常态监测为主要内容，调动政府、学校、专门机构和社会多方主体积极参与，确保高等教育质量整体处于高位水平。

（三）优化结构布局，促进高等教育公平

质量和公平是高等教育为人民服务的两翼，"质量"影响人民群众的教育获得感，"公平"影响人民群众的幸福感，关系到人心向背和民众福祉，是人民群众较为关心的高等教育热点问题之一。其一，优化高校布局。适应国家战略需求和区域发展需要，优化高等教育结构，调整学科专业、类型、层次和区域布局，支持目前尚无教育部直属高校的省（自治区、直辖市）建设"双一流"大学和学科，满足中西部地区获得优质高等教育资源的迫切诉求。其二，深化新高考改革。适应经济社会发展对多样化高素质人才的需求，深化新高考内容和形式改革，努力让每个学生都有成长、成才、成功的机会，探索实行基于统一高考和高中学业水平考试成绩、参考综合素质评价"三位一体"的多元录取机制，为提升学生综合素质、促进社会纵向流动服务。其三，保障机会公平。更加关注和强调结构化公平，及时、有效地回应社会关切，进一步缩小地区之间、城乡之间高考录取率的差距，为边远地区的学生提供更多入读重点高校和中央部属高校的机会，畅通农村等经济落后地区学子纵向流动的渠道。

二、加强党的领导，完善治理体系，积极咨政建言，为党治国理政贡献正能量

党的十九大报告明确提出，建设教育强国是中华民族伟大复兴的基础工程，必须把教育事业放在优先位置，直接指明了高等教育"搭什么台""做什么贡献"的任务要求。近代以来，逐渐走出象牙塔的大学肩负着人才培养、科学研究、社会服务、文化传承创新等重要任务，为党治国理政服务已成为高等教育改革发展的必然遵循。从我国发展历史来看，实现人民群众利益的过程同党治国理政的过程是内在统一的。这就要求高等教育必须为党治国理政提供坚实的高校阵地基础和人才支撑。

当前，高等教育服务治国理政的能力正全面提升，同时也面临诸多挑战。一是党的领导有待进一步加强。从中央巡视"中管高校"的反馈情况来看，存在党委"四个意识"不强、对思想政治工作重视不够、党的建设尤其是基层党

第二章 高等院校理念定位与目标引领

建工作薄弱等问题。二是高等教育治理体系和治理能力亟需提升，政府、高校、社会之间的关系亟待理顺，管理理念、管理方式等仍需突破。三是高校智库资政建言的能力不足。目前，在我国首次入围的 25 家国家高端智库建设试点单位中，仅有 6 家高校智库。① 与党政部门的智库相比，高校智库的研究力量比较分散，专业化高端智库少；产生的重大决策成果少，服务决策的能力有待提升。新形势下，增强高等教育为党治国理政服务的能力，需要全面加强党的领导，推进高等教育治理体系和治理能力现代化，提高高校智库咨政建言的综合能力。

（一）加强党对高校的领导，不断加强和改进思想政治教育工作

党的十九大报告强调，党政军民学，东南西北中，党是领导一切的。在第二十三次全国高等学校党的建设工作会议上，习近平总书记指出，"加强党对高校的领导，加强和改进高校党的建设，是办好中国特色社会主义大学的根本保证"②。从历史实践来看，党的领导是中国特色社会主义制度的最大优势。面对破解难度加大的深层次矛盾和问题，只有加强党的领导，充分发挥政治优势和制度优势，才能动员和组织各方力量共同为高等教育改革发展而努力。其一，牢牢坚持党对高校的领导。充分发挥党委对高等教育的领导核心作用，把党的领导、党的建设贯穿始终。改进党的领导方式，完善党的领导体制，创新高等教育战线党管干部、党管人才的工作机制，着力解决阻碍高等教育改革发展的突出问题。其二，抓好高校思想政治教育主环节。深入学习贯彻党中央治国理政新理念新思想新战略，教育引导学生正确认识"世界和中国发展大势""中国特色和国际比较""时代责任和历史使命""远大抱负和脚踏实地"，把思想政治教育贯穿教育教学全过程。其三，守好高校课堂教学主阵地。"充分发掘和运用各学科蕴含的思想政治教育资源，健全高校课堂教学管理办法。要加强对校园

---

① 周武华，达巍. 大国崛起进程中的高校智库力量 [EB/OL]. （2023-11-14）[2023-12-29]. http://m.jyb.cn/rmtzcg/xwy/wzxw/202311/t20231114_2111116553_wap.html.
② 新华社. 习近平就高校党建工作作出重要指示强调 坚持立德树人思想引领 加强改进高校党建工作 [EB/OL]. （2014-12-29）[2022-05-10]. https://www.gov.cn/xinwen/2014-12/29/ content_2798452.htm.

· 53 ·

各类思想文化阵地的规范管理，加强校园网络安全管理"[1]，为高等教育改革营造正向积极的网络环境。

（二）完善高等教育治理体系，构建政府、高校、社会之间的新型关系

实现国家治理体系和治理能力现代化，是全面建设社会主义现代化国家的重要内容之一，高校在服务党治国理政和推动治理现代化建设中应采取更有力的举措。推进高等教育治理体系和治理能力现代化，需要从管理体制、内部结构和法治环境等方面破枷清障。一是进一步深化简政放权、放管结合、优化服务改革。政府层面把该放的权力下放，把该管的事项管住管好，加强事中和事后监管，让高校拥有更大的办学自主权。二是健全高校内部治理体系。对接政府层面的"放管服"改革和政策调整，把能用的权接住、用好，真正承担起高等教育改革发展的主体责任，完善民主管理和学术治理，实现高校发展治理有方、管理到位、风清气正。三是全面推进依法治教。以法治思维和法治方式推进高等教育改革发展，健全高等教育法规制度体系，规范治理行为，加强法治教育，创设法治环境，加快构建政府依法行政、高校依法办学、教师依法执教、社会依法支持和参与治理的高等教育发展新格局。

（三）加强高校智库建设，提高咨政建言水平

新时代，高校应从推动科学决策、民主决策，服务治国理政的战略高度，切实抓好高校新型智库建设这一重大而紧迫的任务。当前，我国高等教育改革已进入深水区、攻坚期，涉及面广、关联度高，亟须一批信得过、靠得住、用得上的专业化高校智库有所作为，提高咨政建言水平。其一，提高理论影响力。强化高校智库服务国家重大战略的使命，为国家战略落地提供理论支撑；积极发挥高校学科齐全、人才密集、研究成果丰富和对外交流广泛的优势，加强跨学科、跨专业、跨部门、跨地区的协同研究，以理论创新开拓政治、经济、社会、文化等领域发展战略的新视域。其二，提高决策影响力。专业化高

---

[1] 中共中央 国务院印发《关于加强和改进新形势下高校思想政治工作的意见》[EB/OL].（2017-02-27）[2022-5-10]. https://www.gov.cn/zhengce/2017-02-27/content_5182502.htm?eqid=bfca02c900040ae800000002645c59d5.

校智库不是原来意义上各种研究机构的翻版和改版，需要把握新方向、新需要，确立新使命、新定位，拥有新思维、新机制，体现新内容、新方法，聚焦高等教育真问题、热点以及难点[1]，把学术语言转换为政策语言，把理论成果转换为教育政策和改革实践，聚焦重大问题研究，参与决策过程，影响实践结果。其三，提高社会影响力。高校智库在参与决策制定和改革实践的同时，应积极开展政策宣传解读，评估政策效果，正确引导舆论，达成改革共识，为改革发展营造良好氛围。

三、坚持正确方向，扎根中国大地，增强制度自信，为巩固社会主义制度厚植根基

党的十九大报告明确把习近平新时代中国特色社会主义思想确立为我们党的指导思想，实现了指导思想上的又一次与时俱进，全面指引了高等教育"举什么旗""走什么路"的定位定向。中国特色社会主义制度造就和发展了当代中国高等教育，是我国高等教育鲜明的制度本色。这要求高等教育高举习近平新时代中国特色社会主义思想伟大旗帜，积极引导高校师生正确认识中国特色社会主义制度的优越性，正确认识世界和中国发展大势，毫不动摇地为巩固和发展中国特色社会主义制度服务，以充足的底气坚定地树立制度自信、道路自信。

改革开放以来，我国高等教育坚持社会主义方向，切实践行为社会主义现代化建设服务、为人民服务，与生产劳动和社会实践相结合，使受教育者全面发展为社会主义建设者和接班人的教育方针，取得了令世人瞩目的成绩。但同时，在具体办学过程中，也存在一些偏差和问题，如办学定位不清、办学方向迷失；办学思想滞后封闭、培养目标脱离市场需求；盲目崇拜西方高等教育模式和发展道路；等等。增强高等教育巩固和发展中国特色社会主义制度的能力，高校需要坚定不移地贯彻新思想，切实服务经济社会发展，不断强化中国特色高等教育制度自信。

（一）以习近平新时代中国特色社会主义思想为指引，坚持社会主义办学方向

习近平新时代中国特色社会主义思想是坚持正确办学方向、写好教育奋进

---

[1] 庞丽娟. 我国新型教育智库若干重要问题的思考[J]. 教育研究，2015（4）：4-8.

之笔的总纲领。党的十八大以来,习近平总书记着眼实现中华民族伟大复兴中国梦,着眼满足人民群众美好生活的需要,就教育工作做出了一系列重要论述,丰富、完善和发展了中国特色社会主义教育理论,构成了习近平新时代中国特色社会主义思想的重要组成部分。[①]其一,坚持以习近平新时代中国特色社会主义思想为指导。在党的旗帜下办好人民满意的高等教育,坚持不懈地传播习近平新时代中国特色社会主义思想,并与中国高等教育实践相结合,以马克思主义中国化理论作为高等教育改革的思想基础。其二,凸显哲学社会科学的作用。努力构建中国特色哲学社会科学的学科体系、学术体系、话语体系、管理体系,把新时代中国特色社会主义理论体系贯穿到高校学科建设、人才培养、科学研究、课程设置、教材编写、学术评价等各环节。其三,加强高校教材建设。教材体现了国家意志,展现了正确方向和价值导向。应尊重高等教育发展规律和大学生成长成才规律,加强和完善高校教材编写、审查、出版、使用、评价等各环节的管理,逐步形成适应中国特色社会主义发展要求、立足国际学术前沿、门类齐全、学段衔接的高校教材体系。

(二)推进高校分类发展,扎根中国大地办大学

2014年,习近平总书记在北京大学师生座谈会上指出,要"扎根中国大地办大学"[②]。大学接上服务经济社会发展的"地气",是我国高等教育改革发展的必然选择。只有"接地气"的高等教育,教学和科研工作才能有"底气",大学生也才能更有"生气"。一是倡导分类发展。引导不同类型、层次的高校科学定位、分类发展,推动高等教育功能再造,着重建设一批行业特色鲜明、专业设置与职业岗位联系密切、培养应用型人才的高水平普通本科院校,主动融入区域经济社会发展大局,积极服务区域社会经济转型升级。二是推进产教融合。转变封闭的办学模式,推动人才培养和使用相衔接。高校与行业企业等开展深度合作,注重专业链与产业链、课程内容与职业标准、教学过程与生产过

---

① 刘自成. 深入学习贯彻党的十九大精神 加快建设教育强国[J]. 教育研究,2017(12):4-13.

② 习近平. 青年要自觉践行社会主义核心价值观——在北京大学师生座谈会上的讲话[EB/OL].(2014-05-05)[2022-05-10]. https://www.gov.cn/xinwen/2014-05/05/content_2671258.htm.

程的融合，努力实现人才培养与地区经济社会发展需求"同频共振"，培养更多"接地气"的实用人才。三是提高高校的社会贡献力。充分发挥高校作为人才第一资源、科技第一生产力和创新第一驱动力重要结合点的特殊作用，科学研究和成果转化紧贴社会需求，在服务国家重大战略、服务经济社会发展中比水平、比贡献，更多地让社会评价教育、监督教育，评价标准紧贴经济社会主战场的需要。

（三）以中国特色为基调，增强高等教育制度自信

习近平总书记在全国高校思想政治工作会议上强调，"我国有独特的历史、独特的文化、独特的国情，决定了我国必须走自己的高等教育发展道路"①。其一，坚持以中国特色为基调。充分发挥社会主义制度的优越性，服务国家与区域重大发展需求，使人民群众享受到更多更好的高等教育改革发展成果。其二，着力构建具有中国特色的高等教育强国思想体系和话语体系。既要合理借鉴国际经验，又要继承和发扬我国传统文化的精华，尊重自己的高等教育文化和环境，坚持用中国方式，走出中国道路，发出中国声音。其三，坚持和完善党委领导下的校长负责制。高校党委对学校工作实行全面领导，履行管党治党、办学治校的主体责任；校长是学校的法人代表，在党委领导下组织实施有关决议，行使《中华人民共和国高等教育法》等规定的各项职权。同时，要进一步明确具体的程序规范，健全完善中国特色的现代大学制度。

四、推进教育现代化，构建开放型体系，加快"双一流"建设，为改革开放和现代化建设提供动力

党的十九大报告明确指出，建设教育强国是中华民族伟大复兴的基础工程，必须把教育事业放在优先位置，加快教育现代化。优先赋予高等教育"以什么样的精神状态实现什么样的奋斗目标"②的时代使命。教育对外开放是我国改革开放事业的重要组成部分，率先实现教育现代化是新时代中国特色社会主

---

① 新华社. 全国高校思想政治工作会议 12 月 7 日至 8 日在北京召开［EB/OL］.（2016-12-08）［2022-05-10］. https://www.gov.cn/xinwen/2016-12/08/content_5145253.htm?eqid=9c8bfa610000466700000006645f5340#1.

② 姚晓丹. 办好中国高等教育要回答好六个问题［EB/OL］.（2017-09-26）［2022-05-10］. https://www.fjrd.gov.cn/ct/48-126308.

义现代化建设的新要求，这就需要高等教育在整个国家的改革开放和社会主义现代化建设全程中更有作为。

今天的中国已经拥有世界上最大规模的高等教育体系，成为全球最大的留学输出国，中国高等教育正在走进世界高等教育中心地段。教育部发布的数据显示，恢复高考40多年来，我国普通本专科招生数累计1.4亿，高等教育毛入学率由1977年的2.6%[1]增长到2023年的60.2%[2]。我国已建成世界上最大规模的高等教育体系，培养了逾亿名高素质专门人才。[3]2017年，为补齐高等教育发展的短板，我国"双一流"建设高校及学科名单正式公布，137所高校入选一流学科建设名单，在此基础上，42所入选为一流大学建设高校。尽管如此，我国高等教育"大而不强"的现状仍需正视，快速发展、持续跃升态势有了"起势"但还没有形成"定势"，取得了"优势"但还没有达到"胜势"。世界经济论坛公布的《2017—2018年全球竞争力报告》显示，中国的全球竞争力在137个国家和地区中位居第27位，领跑金砖国家，保持最具竞争力的新兴市场地位，但在那些与高等教育和创新能力密切相关的关键指标方面，排名则较为靠后，高等教育与职业培训分数仅排第47名，创新能力排第44名。[4]面对激烈的国际竞争环境，高校应充分运用"双一流"建设的"政策红利"，进一步提高现代化水平和对外开放水平，为改革开放和现代化建设服务。

（一）推进高等教育现代化，助力教育强国梦

党的十九大报告对教育优先发展和教育现代化提出新要求，高等教育现代化作为教育现代化的重要组成部分，已成为支撑、推动和引领国家现代化发展

---

[1] 光明网. 潮头观澜｜大学之道　国之大者.（2022-04-27）[2024-03-05]. https://m.gmw.cn/baijia/2022-04/27/35694562.html.

[2] 教育部. 教育部：2023年高等教育毛入学率达60.2%提前完成"十四五"规划目标.（2024-03-01）[2024-03-05]. http://www.moe.gov.cn/fbh/live/2024/55831/mtbd/202403/t20240301_1117769.html.

[3] 张烁，丁雅诵，吴月. 恢复高考，知识改变中国（峥嵘岁月）[N]. 人民日报，2021-02-26（006）.

[4] World Economic Forum. The Global Competitiveness Report 2017-2018 [R]. 2017-09-26, 103.

的重要基础与引擎。①在各级各类教育中，高等教育率先实现现代化很有必要。首先，实现人的现代化。以"社会责任感"为核心，重点增强"高教人"服务国家、服务人民的社会责任意识和担当意识。高等教育现代化应坚持以人为本的核心理念，服务于人的全面发展和社会可持续发展，加快释放"人才红利"，实现"人才升级"。其次，推进技术手段的现代化。积极发展"互联网+高等教育"，创新高等教育服务能力的形态，推进现代信息技术与教育教学、科学研究、社会服务、文化传承创新的深度融合，提升高等教育资源共建共享水平和社会参与程度，满足人民群众接受高等教育的多元化需求。最后，推进改革方法论的现代化。坚持从体制机制层面入手，以问题为导向，全面深化高等教育在育人方式、办学模式、管理体制、保障机制等方面的改革，站在更高起点谋划和推进高等教育改革，激发和释放高等教育服务现代化建设的创造伟力。

（二）构建开放型高等教育体系，提高对外开放水平

党的十九大报告指出，必须坚定不移贯彻创新、协调、绿色、开放、共享的新发展理念。面对高等教育的深度调整，我国应该以"开放发展"引领高等教育资源拓展，加快构建开放型高等教育新体系。一是丰富高等教育开放的内涵。以提升国家文化软实力、影响力为目标，拓展更高层次、更广范围、更具实效性的国际合作与交流。在发挥我国高等教育传统优势的基础上，借鉴、吸收各国教育的成功经验，增强我国高等教育的吸引力。二是将"引进来"与"走出去"结合起来。一方面，以优质资源"请进来"为重点，引进世界一流大学和特色学科，开展高水平人才联合培养和科学研究联合攻关；另一方面，以高等教育"走出去"为重点，扩大与发展中国家的教育合作交流，稳步推进境外办学，推动学历学位互认。三是增强高等教育的国际影响力。结合教育对外开放战略，在国际舞台上展示中国高等教育改革发展的成绩；积极参与国际高等教育规则制定、国际教育教学评估和认证，提高我国高等教育的国际竞争力和话语权。

---

① 史静寰，叶之红，胡建华，等. 走向2030：中国高等教育现代化建设之路［J］. 中国高教研究，2017（5）：1-14.

（三）加快推进实施"双一流"建设，增强国家核心竞争力

党的十九大报告对一流大学和一流学科建设有很高的期待。"双一流"建设对于提升我国教育发展水平、增强国家核心竞争力具有十分重要的意义。目前，"双一流"已进入实质性建设阶段。首先，坚持支撑发展导向。以支撑创新驱动发展战略、服务经济社会发展为指引，引导入选高校和学科面向国家重大战略需求、经济社会主战场、世界科技发展前沿开展重点建设，全面提升高等教育为国家现代化提供智力和人才支撑的能力。其次，强调聚心聚智聚力。充分调动各方的积极性，完善政府、高校、行业企业、社会组织相结合的共建机制，通过科教结合、产学融合、协同共建、联合培养、合作攻关等方式支持"双一流"建设。高校要不断拓宽筹资渠道，积极吸引民间资本，扩大社会合作，健全社会支持长效机制，多渠道汇聚资源，提高自我发展能力。最后，强化跟踪指导。加强建设期间的政策效果评估，尽快启动并研究制定绩效评价办法和相关政策举措。引导高校把"四为服务"作为建设的出发点和落脚点，及时发现并排除建设中存在的"拦路虎""绊脚石"，大幅提高"双一流"建设高校的竞争力和贡献率。[①]

---

① 周海涛，景安磊，刘永林. 增强高等教育内涵式发展能力［J］. 教育研究，2018（4）：62-67.

第三章
高等院校机制设计与组织创新

机制原指机器的构造和工作原理，后被引入诸多不同的领域，产生了不同的机制，如社会领域的社会机制、生命领域的生物机制、经济领域的经济机制，高等院校治理领域的院校治理机制也不例外。简言之，高等院校机制指实现其基本职能的组织、程序和方式等的总和，这里主要探讨持续改进的人才培养机制、全面优化的科学研究机制、有分有合的组织管理机制。

第一节 持续改进的人才培养机制

进入知识社会，从注重要素到注重创新，从数量追赶到质量追赶，就是从"有没有"转变为"好不好"。这在高等教育领域表现得尤为突出，从精英化、大众化到普及化，除表面的量化外，深处是由规模到特色的要求。下一步，我国需要对人才培养机制进行持续改进和创新。

一、更新培养理念

更新培养理念，就是要打通理念墙、认知墙，实现培养理念的贯通，形成完整的培养理念链。在这个过程中，需要注重几个重要的理念融合：德与才的融合，即注重道德和才能的双重培养，以实现全面发展；通与专的融合，即重视通用性素养和专业性知识的相互支撑；知与行的融合，即强调知识的理解和实践能力的提升相互促进；老与新的融合，即继承传统的优秀文化，同时接纳和吸收最新的知识与技能，不断开拓创新；中与外的融合，即既要弘扬中华优秀传统文化，也要拓宽国际视野，提升跨文化交流能力。

（一）做人与做事的统一

人才培养既需要引导学生成为健全的人，也需要帮助学生练就做事的本领。现实中存在做人与做事脱节的情况，高校应进一步思考如何有效地将做人、做事有机结合起来，引导帮助学生成为既具有理想信念和价值追求，又具备扎实学识和卓越才华的时代新人。

高等教育遵循的是复合逻辑，表现为政治逻辑、历史逻辑、实践逻辑、时代逻辑和属性逻辑的整合，其中很重要的是政治逻辑，即建设中国特色社会主义高等院校。人才培养中需要体现其独一无二的理念、智慧、气度、神韵，强化民族自信和自豪感；彰显"两个确立""四个意识""四个自信""两个维护"，把"以人民为中心""为人民谋幸福，为民族谋复兴"贯穿于人才培养理念之中。明晰做人和做事是相辅相成、相得益彰的关系，引导大学生要想做好事，应先学会做人，在做事中学习做人，在做人中做好事，避免"能做好事，却做不好人，最终做事和做人都做不好"的现象。

（二）专才与通才的融汇

专业教育通常强调培养学生在特定领域的专业知识与技能，使学生成为专才。随着现代社会对多样化人才的需求越来越高，通识教育受到越来越多的重视，通识教育强调培养具备广泛知识和综合素养的通才。如何在专才与通才之间寻找平衡点，成为高校需要解决的难题。

不同于基础教育，高等教育人才培养融汇了专业教育与通识教育。在课程设计中，要统筹专业技能和通用性素养，将统一开设通识课程与推进学生个体指导等多种方式结合起来，有目的、有计划、系统地对大学生进行社会文化、职业规则、社交技能等方面的教育，帮助各专业的大学生掌握为人处世之道、职业生活方式，提高大学生的社会和职业胜任综合能力，为将来拥有完满的职业生涯、幸福生活做好人生准备。

（三）学历文凭与能力水平的兼顾

学历文凭被视为评估个人学习成果和能力的重要标志。随着社会的不断发展，单纯依靠学历文凭无法全面衡量一个人的能力。现实中，部分高学历者缺乏实际操作和应用能力。如何在保证学历文凭的同时兼顾个人能力水平的培养，是一个需要解决的问题。

高校要处理好大学生理论学习和躬身实践的关系，促进知行合一、相辅相成。在大学生培养顶层设计中，要充分重视理论性课程与实践性课程的融合育人价值，无论何种专业类型的大学生都应学习这两种类型的课程，把握各专业类型的理论性课程与实践性课程的比例和结构的差异。在学术型专业与应用型专业之间，对于学术型专业，应开设更多相对契合的理论性课程，专业实践性课程也应更加偏向学术创新实践，适当考虑引入对应社会岗位的职业实践内容；在本科生与研究生之间，研究生的理论性课程比例应更高，更具有理论深度，研究生的专业实践类课程应更偏向创新实践，本科生的专业实践类课程则应兼顾科研创新与相应的社会职业岗位实践内容。

（四）继承传统与创新开拓的贯通

传统知识和历史文化是人类文明的宝贵财富，继承传统是保持社会稳定和文明进步的重要基础。随着时代的发展，社会需求和知识体系也在不断变化，高校的人才培养应与时俱进，不断开拓创新，并进一步思考如何在传承传统的基础上提高学生的创新思维和能力，如何将传统与创新有机地贯通起来。

高校应坚持在传承的基础上创新和吸纳新知识，在新知识的掌握中不断深化对旧知识的理解，构建融合新、旧知识为一体的知识体系。知识的发展有着特定的规律，高等教育内容的系统性、高深性、前沿性特征，决定了要更好地传承和创新学科专业知识，必须处理好旧知识学习和新知识创新之间的关系。在具体学科专业领域，在开齐开足各学科专业核心课程，保证学生掌握系统专业知识的同时，高校要结合学科专业特征、专业实践技能要求和就业岗位需求等情况，有计划地开设前沿性课程。在专业课程内容上，在保证学科专业核心知识内容的基础上，对于研究已经成熟的最新基本原理与理论，应及时纳入课程内容之中，要求学生深入、系统地学习并掌握；对于比较成熟但还在发展中的内容，应将其作为课程内容前沿进展，鼓励有兴趣的学生通过阅读材料进行学习和研究；对于还处在研究中的热点问题及领域，可以选择一些专题进行重点研讨或作为学生的课外拓展学习内容，培养学生的研究和创新能力[①]，由此将旧知识和新知识融汇于课程内容之中，提高学生的知识学习和创新能力。相应地，教师要形成创新的教师观，注意创新教学方法。教师要在研究性问题教学中，从创设问题情境出发，合理使用现代教学技术，以实践中的真实问题为基础，引导学生自主探索从实践到认识的发生过程，培养学生获取知识、创新活动的能力。同时，学生要树立创新的学生观，增强创新意识。学生在学习过程中要积极探索、勇于创新，不仅仅要学习新知识，也要学习新思维。

（五）扎根中国与面向世界的融合

中国拥有悠久的历史文化和深厚的传统，高校的人才培养需要培养学生对中国文化的认同和理解，深深扎根于中国国情、中国文明、中国体制、中国大地。随着全球化进程的加快，培养具有国际视野和跨文化交流能力的人才变得日益重要。高校人才培养理念的更新，需要进一步思考如何将扎根中国与面向世界融合起来的问题。

处理好扎根中国与面向世界的关系，将人才培养的立足本土、开放意识与国际视野结合起来。在课程类型上，根据大学生的学科专业和层次类型，科学

---

① 林健. 多学科交叉融合的新生工科专业建设[J]. 高等工程教育研究，2018（1）：32-45.

合理地设置本土课程与国际化课程的比例。在学术型专业与应用型专业之间，学术型专业的国际化课程比例较大；在本科生与研究生之间，研究生的国际化课程所占比例应该更大。在专业课程内容布局中，学术型专业课程中的国外部分内容比例应该更大，更加偏向国外系统的成熟理论及研究最新进展，应用型专业课程内容的国外部分应更加关注国外的专业实践状况；本科生课程内容中的国外部分应该更注重"面"的学习，而研究生课程内容中的国外部分则应在了解"面"的基础上更深入重要"点"的挖掘。

二、优化培养内容

（一）提高教材的科学化水平

教材是培养内容的关键载体，是学生获取知识的重要来源。因此，教材必须具备高度的思想性，能够传递正确的世界观、人生观和价值观；教材也必须具有科学性，能够准确地传递知识，避免错误或模糊的信息；教材还必须具有时代性，能够与当前的社会发展和科技进步前沿紧密结合，反映最新的知识和理念。提高教材的科学化水平，重点应该解决一些高校教材质量参差不齐、内容陈旧、同质化严重等问题。

为了提高教材的科学化水平，学校要紧密联系社会需求和学生发展实际，统筹教材取向与标准，注重内容的现实性和层次的针对性，注重导向创新性、类型协调性、体系一致性、设置灵活性、内容系统性和考核开放性。既要做好国家课程教材管理工作，标定教材的整体水准；又要组建高水平的编写团队，打造高水平的核心教材体系。

（二）突出思维和能力培养的重点

思维方式是人们认识世界和解决问题的重要工具。不同的思维方式有不同的特点和作用，例如，逻辑思维能够帮助人们理解和推理问题，形象思维能够帮助人们感知和创造形象，发散思维能够帮助人们寻找新的解决方案，联想思维能够帮助人们发现事物之间的联系，逆向思维能够帮助人们从不同的角度思考问题，辩证思维能够帮助人们全面地看待问题，而应变思维则能够帮助人们应对变化和挑战。高校应重点考虑如何将多样的思维融入培养内容之中。

高校既要注重以问题为导向，培养学生的创新思维能力；又要构建多样的教学内容结构，激发新概念、新观念、新理论的生成。不是到某个时代里去寻找某个范畴，而是要时刻站在实践历史的基础上；不是用观念的东西解释现实世界，而是要从物质角度解释观念的东西。问题是时代的声音，要在现实里找问题，进行聚类分析，寻找原因，总结、概括、生成合适的概念，形成有价值的理论，在问题背后找逻辑、规律、原理，熟悉了方法论，思维就可以建立起来。

（三）推进厚基础和宽口径相结合

基础知识是学习的起点，是理解后续内容的铺垫。整体结构能够帮助学生在学习过程中形成完整的知识体系，理解不同知识点之间的联系和区别。任何表面上的偶然性都和深层次的必然性有关。如何兼顾基础知识与整体结构是优化培养内容时面临的一个挑战，应综合考虑课程结构、板块、比例结构等问题。一方面，高校应以专业核心知识为依据，促使学生掌握系统的专业基础知识；另一方面，高校应以社会实际需求为导向，培养学生的复合实践技能。同时，高校还应积极探讨和建立新的评价标准，激发学习者的创造力和教师教学与研究的动力。要建立同行之间的客观认可、信任、信赖和认同，以此激发学生的学习动力和热情。通过这种相互匹配的方式，学生的动能自然就会得到提升。

（四）统筹学科专业课程建设

为学习者安排学习内容时，存在时间的竞争。对高等教育学习者来说也是如此，课程时间如何优化，课程教学大纲如何改进，这些问题仍需重点关注。因此，高校应推动学科专业课程教学一体化建设，一方面要统筹规划学科专业、课程大纲建设，坚持协同推进；另一方面要完善课程建设制度，在引进借鉴的同时走向世界。

人们对课程教学大纲的认识在不断扩展，经历了"单纲单本"到"一纲多本"的变化，如过去的课程教学材料是指一本书，今天是指教学材料。课程大纲和教学材料建设是教学改革的一部分，是课程教学的核心环节。课程大纲、教学材料建设应与教育教学改革相协调，适应新的教学理念和方法，满足学生的学习需求和发展需要。

三、创新培养方式

(一)构建"以学生学习为中心"的培养流程

每个学生都是独特的个体,他们有着不同的性格特点、兴趣爱好、能力水平,也会产生不同的学习需求。高校存在大班额教学、生师比较高、资源有限的问题,给提供个性化的教育体验、适应学生的特点和需求带来了一定困难。

关注学生学习过程,要以促进有效学习为核心,做到以学定教、以学施教、以学促教。"以学生学习为中心"强调的是学生的主动性、自主性和创造性。这一培养模式不仅能够满足学生的需求,还能够激发学生的学习热情和兴趣,提高学生的学习效果和成就感。这需要教师从学生的需求和特点出发,为学生提供个性化的教育服务,并始终牢记以学生学习为中心。无论课堂内外,教师都要做到"眼中有学生",致力于让每一个学生都能得到最优发展。

(二)系统设计实践教学

实践教学是提高学生实际应用能力和综合素质的重要途径。然而,在一些高校中,实践教学学分较低,往往被忽视或流于形式。高校重理论轻实践的问题仍较为突出,实践教学成为高校教育的薄弱环节。

讲授虽然可以传达信息,但只有通过亲身经历和实践操作,才能真正理解和掌握知识。高校应对实践教学进行系统设计,在培养模式、教学方式、教学审批方面借助各方面的力量来推进教学方式的创新。将实践教学环节纳入人才培养方案,同时健全实践教学环节质量监控机制,及时发现问题并采取相应措施加以改进,确保实践教学的质量和效果。

(三)拓宽创新人才培养场景

创新型、复合型、国际化人才是未来社会所需的重要人才类型。有的高校存在教学方式偏传统、课程设置不合理、国际化程度不高等现象,导致培养方式落后,较难满足多样化人才培养的需求。

高校应进一步完善体制机制,建立科学、合理、完善的人才培养政策、制度和管理机制,为创新人才的培养提供有力的保障和支持;破除各种壁垒和阻碍,促进不同学科、不同专业之间的交流与合作。高校还可以构建政产学研结合的人才培养模式,着力进行复合型人才培养,使学生能够适应复杂多变的社会需求和工作环境。

（四）充分借助产教融合优势创新培养方式

产教融合机制是教育体系的重要组成部分，能够为学生提供更广泛的教育资源和平台。由于运行机制不健全，有的社会教育资源的作用并没有得到充分发挥，存在产教融合不深、不实的痛点。

高校应紧扣国家新工科、新医科、新农科、新文科（简称"四新"）建设任务，在培养模式、教学方式、教师选聘等方面突破惯性模式。鼓励支持一批高校，提高"四新"学科专业占比，培育优质"四新"交叉学科，强化课程和师资队伍建设，整体提升教育质量，显著提升高复合应用型、高技术技能型、高层次创新型人才培养成效，重点发展未来技术学院、试点学院，提升服务创新驱动发展战略的能力和水平。

四、改进培养效果评价

（一）冷静思考评比排名

"十年树木，百年树人。"教育应该是一个长期、持续的过程，而不是短视的功利行为。在现实中，部分教育成效评价存在被简单量化、与名次挂钩等问题，导致评价功利化，影响了人才培养效果。

高校要理性面对各类评价，有效促进教育教学发展。一是要明确不同排名的出发点和指标体系，了解排名的背景和依据，结合国情和校情，认识到不同学校所处的发展阶段、特色和优势。二是要认识到人才培养效果与质量并不等同于任何排名，不能简单地以排名作为评价教育成效优劣的唯一标准。三是要重视排名的鉴定功能，补齐短板。排名可以作为教育教学发展的参考和借鉴，帮助学校找到自身存在的问题和不足，进而制定有针对性的改进措施，促进教育教学的可持续发展。

（二）科学、系统地评价人才

单一的评价指标具有片面性，无法真实有效地衡量人才培养质量。建立一套科学、系统的人才评价指标体系，需要考虑多个方面，如知识、能力、素质等，对指标体系的研究、设计和实施提出了更高的要求。一是要将质性评价等多种评价方式结合起来,发挥综合实践活动在学生学习评价中的重要作用,以过程性评价、表现性评价相结合的方式,跟踪学生的动态变化,对学生的学习进行及时的全面评价,反映学生发展过程和真实面貌。二是注重多元主体在学生学习评价中的作用,综合运用教师评价、学生自我评价、学生相互评价等方式,对学生的学习情况和教师的教学情况进行全方位的、客观的考查,使国家、社会、教师等主体相统一,从不同角度把握评价。三是积极发挥评价的正向发展功能。成绩不是唯一衡量学生水平的标准,应该辩证地看待学生的分数,积极探索教育评价的德行取向。

(三)重视发展性评价

发展性评价关注学生的成长过程和发展潜力,侧重教育逻辑,而选拔性评价则关注学生的相对位置和竞争能力,侧重筛选逻辑。如何将发展性评价和选拔性评价结合起来,并确保其有效实施,找到二者的平衡点,是一个具有挑战性的问题。一是要借助现代信息技术手段,畅通渠道,提高效能,建立学生个人发展档案,实时跟踪学生的发展情况,提高评价的准确性和效率。二是建立健全发展性评价与课程教育改革的互动机制,以课程教育改革为指导,注重学生的全面发展,发展性评价的结果也可以为课程教育改革提供反馈和参考,促进课程的改进和完善;进行学情分析,了解学生的个体差异和发展需求,获得反馈,为个性化教育提供依据。

第二节 全面优化的科学研究机制

面对新问题、新挑战,高校在关键核心技术攻坚战中尤其要结合时代特点,构建科技创新新型机制,发挥自身科学研究的优势,推动科研资源优化配置。

一、建立新型机制是推动大国科技创新的战略举措

一是科技创新驱动是世界大势所趋。颠覆性的新兴科学技术促进了新一轮科技革命和产业革命的蓬勃发展,从根本上改变了人类社会的发展方式及进程。全球科技探索向交互融合的超学科创新模式转变,创新势能成为未来全球

科技价值链的核心环节、国际力量竞争的战略重地。二是科研机制是世界各国攻克高科技难题的策略选择。国家组织重大科技创新活动，既有方向、重点、领域的考量，也有具体的应用场景的要求。政府在国家科技活动的组织中扮演着重要角色，美国的曼哈顿计划、阿波罗计划，中国的"两弹一星"、载人航天、探月工程、北斗导航等，均是由国家组织的战略性科研课题。[1]三是近年来国际力量争先部署重大战略计划。美国的《国家人工智能研发战略计划（2019更新版）》（The National Artificial Intelligence Research and Development Strategic Plan：2019 Update）构建了包括财政长期投资、公共政策与法律辅助、重大技术协同研发、国防安全应用、公私战略合作等在内的八大战略。[2]2017年，英国提出加大在人工智能、数字经济、清洁能源、自动化交通等高新技术领域的创新研发力度，建设世界上最具创新性的经济。日本的《宇宙基本计划2020》，确立了"坚持目标导向的政府-私人合作、充分利用私营企业活力、高效利用资源、坚持与盟国战略合作"四个基本立场。[3]

国家在推动科技创新方面持续发力，各创新主体充分发挥政策红利，激发自主创新效能，不断稳定和巩固我国在创新型国家行列中的地位。一是创新投入持续增加，创新质量稳居前列。2016—2020年，我国整体创新指数排名从全球第25名持续上升至第14名，17个创新集群入围全球创新集群百强榜，仅次于美国。[4]二是部分新兴科技成功抢占制高点。以5G网络为代表的一批科学技术成功跨过"跟踪""追赶"局面，实现"超越""领跑"。三是产业结构调整与企业创新加速发展。技术创新不断优化传统产业生产方式，催生新兴产业类型，生成新的经济增长点。创新要素加速向企业集聚，创新型企业数量不断增加，华为、阿里、腾讯、海康威视、科大讯飞、字节跳动等一批创新型企业逐渐跻身国际行业前列。

---

[1] 李文君.基于总体国家安全观视域下创新能力提升的研究［D］.南华大学，2020：46.

[2] Select Committee on AI of the National Science & Technology Council. The National Artificial Intelligence Research and Development Strategic Plan: 2019 Update［EB/OL］.（2019-06-21）［2020-12-29］. https://www.nitrd.gov/pubs/National-AI-RD-Strategy-2019.pdf.

[3] 内阁府. 宇宙基本計画［EB/OL］.（2020-06-13）［2020-12-29］. https://www8.cao.go.jp/space/ plan/keikaku.html.

[4] Global Innovation Index 2020［EB/OL］.（2020-09-02）［2020-12-29］. https://www.globalinnovationindex.org/userfiles/file/reportpdf/GII_2020_KeyFind_English_web.pdf.

二、高校科研机制存在的短板

（一）规划的刚性束缚了创新的自主性与持续性

自主创新能力是科技创新的第一原动力，创新持续力会直接影响可持续发展。科技体制改革旨在解放被束缚的科技生产力，激发创新主体的积极性和创造性，形成持续驱动供给的创新合力。[①]规划的刚性束缚了创新的自主性与持续性，表现在三个方面。一是有的动员忽视了创新主体的能动性。传统的科技创新举国体制以国家重大战略需求为驱动，借助强大的动员力和明确的战略目标，快速集结各类资源展开技术攻关，有时会忽视创新主体的能动性。二是有的科技攻关目标定向、过程受制、范围设限。政府规划贯穿全过程，高度集中的资源配置都划定了科研创新工作的基本方向和路径，虽有助于增加目标实现的可能性，但限制了核心技术向相关领域辐射的范围，抑制了自主科技创新的活力。三是有的科技攻关项目创新可持续性不足。重大科技攻关项目以实现目标为导向，项目周期短，创新资源因需应令聚集，项目结束迅速分散，因此科技创新的自主性不高，有悖于科研创新的自发性与原始性，创新动力可持续性不足。

（二）市场作用未充分发挥，影响了整体创新活力

创新与市场密切相关，市场竞争是甄别创新价值的"试金石"。[②]在传统科技创新举国体制中，市场的可参与度低，市场机制的作用发挥空间被限制。一是一些科技创新限定领域创造价值。依据国家宏观战略需求，传统科技创新举国体制主要面向航空工程、军事工程等领域。然而，不论是应对全球技术革命新潮，还是应对国内经济模式转变，我国均需要在市场需求领域实现创新进步。二是一些科技创新的经济效益不彰。传统科技创新举国体制下重大科技攻关项目不计代价，市场的缺位导致相关技术创新的商品转化率很低，甚至不能产生直接经济效益，在很大程度上造成了创新资源与成果的隐性浪费。三是一

[①] 黄涛，郭恺茗. 四十年科技体制改革遵循"放"的逻辑［N］. 湖北日报，2018-10-13（007）.

[②] 张晓晶."十四五"时期我国经济社会发展的战略重点［J］. 经济学动态，2020（5）：15-27.

些企业的科技创新主体地位不高。数据显示，我国企业的研发经费投入占全社会研发经费投入的比例已超过77%，企业在创新体系中的作用越来越突出。[①]但企业在国家科技创新体系中的主体地位并未凸显，在整体资源要素配置体制中的地位较弱。另外，囿于金融管制和产业准入机制等体制机制障碍，企业自身创新活力的释放受限。

（三）高校创新资源开发利用不足，制约了原始创新力

高校为国家科技创新发展提供重要的人力资源支撑，是国家创新体系中不可或缺的创新主体。[②]高校创新资源开发利用不足，制约了原始创新力，主要表现在三个方面。一是高校的创新潜力开发不足。《2020年全球创新指数报告》显示，我国创新"人力资源开发利用"指标得分是薄弱项，下属"高等教育"指标在全球排名第83，与发达国家相距甚远。由此可见，我国高校创新资源的开发与利用程度不高。二是高校的基础研究经费投入不足。高校处于原始创新链的核心位置，是基础研究重地。但数据显示，我国高校基础研究经费投入不足，仅占高校R&D经费的40.3%，远低于瑞士（80%）、以色列（70%）、美国（60%以上）等国家。[③]三是科研人员的非科研负担过重。高校科研人员长期以来被繁重的科研无关事务牵绊，对此要狠抓科研管理中表格多、报销繁、牌子乱、检查多、数据孤岛等痛点难点问题，进一步将科研人员从不合理的繁文缛节中解放出来，保障高校科研力量专心、安心从事科技研发与创新工作。[④]

三、高校科研机制的趋势动向

回首高校科研几十年的发展，我国高校正面临着史无前例的优越机遇；站

---

① 中国青年报客户端. 国家发展改革委："十四五"以来我国企业研发经费投入占全社会比重超过77%［EB/OL］.（2024-01-18）［2023-03-05］. https://baijiahao.baidu.com/s?id=1788421536932657168&wfr=spider&for=pc.

② 许旻，李涛. 高校在国家科技创新体系中的定位与作用［J］. 中国高校科技，2012（7）：28-29.

③ 孙云杰，陈钰. 中国科技创新现状及面临的问题研究［J］. 科技管理研究，2019（22）：22-27.

④ 人民日报. 四部门联合推进"七项行动"科研人员负担将进一步减轻［EB/OL］.（2019-04-11）［2022-05-10］. https://www.gov.cn/xinwen/2019-04/11/content_5381502.htm.

在科技革命的新历史起点上,我国高校正面临前所未有的艰巨使命。激发科技创新活力和提高成果转化率,关键在机制创新,让机制改革发挥点火作用,完善政府助推器功能,强化市场导向作用,促发高校引擎效应,激发创新动能,大幅提升高校科技进步对经济社会发展的贡献率。

(一)充分发挥多主体作用,携手共促创新发展

从供需角度看,高校的科技创新和成果转化是主力,政府的供给支持是推力,市场的需求导向是拉力。这三个主体相互交织、互进共促,形成创新三螺旋。一是政府发挥助推器功能。成熟的创新政策同时具备提供方向和鼓励投资两大功能①,政府着重发挥调控和支持作用,留给市场引导科技更广阔的空间,营造高校创新与转化的良好制度生态,并提供充足的资源支持,拓展高校自主创新空间。二是市场发挥导向作用。处于科技飞速更迭的新时代,市场能迅速反映绝大多数人的需求,为科技的迭代提供优质土壤。应注重让市场发挥科研导向作用,发挥市场对科技成果的评价和筛选作用,更多地采取引导基金、购买服务、"项目贷款制"等支持方式。把更多的创新资源以市场机制配置给有活力的研究团队。三是高校发挥创新动能。近年来,国家越来越重视激发高校的创新主体活力,实施一系列高校科研体制改革,扩大高校科研自主权,不断提高科研队伍内在潜力激活度,创新及转化效果渐好。高校应充分发挥能动性,积极营造学校、院系、部门等各级推进科研工作的制度生态,切实激发科研队伍创新活力。

(二)深入调整政府职能,全面健全支撑体系

随着国家供给侧结构性改革的深化,亟须调整传统的管理职能,深化"放管服"改革,建立服务型政府,最大限度地激发创新主体的活力,促进科技成果转化。一是保障科研资金供给。我国高校 R&D 人员全时当量位居全球第一,而 R&D 经费供给仅达美国的 1/2,占本国 R&D 的比例(7.19%)低于绝大部分国家,与经济合作与发展组织(Organization for Economic Co-operation and Development,OECD)成员国的平均值(17.18%)差距较大。对此,我国应加

---

① Schot J, Steinmueller E. Framing Innovation Policy for Transformative Change-Innovation Policy 3.0 [R]. SPRU Working Paper Series. Sussex University, 2016.

大 R&D 投入，提高国家科研项目拨款水平，增加地方政府资金资助规模，丰富资金支持方式，充分利用基金、强化融资等多元方式保证研发费用。二是完善服务保障体系，鼓励行政审批机构优化"三个全集中"服务，全面推广"最多跑一次"行政改革，提供高校科研"一条龙"服务，实现创新成果一站式转化，避免科学家被繁文缛节和冗长的报表束缚创新能力。三是建立科研分享平台。技术的创新和转化涉及政府、科研单位、科研人员、企业等多方利益相关者，须打破"数据壁垒"、拒绝"信息孤岛"，确保及时获取市场科技信息并加速面向社会产业推广，互联互通、统筹利用，稳妥推进共享式创新。

（三）加强转移机构建设，持续改进转化服务

高校科研是一系列复杂的专业工作集合，涉及人、财、物三大方面，贯穿项目立项、专利申报与授权、商业转化、市场营销等全过程。技术转移机构（Technology Licensing Office，TLO）承担成果转化、产权保护等过程运营职能，有利于科研人员解放松绑、潜心钻研，能为市场推广和创新收益扩散起到选择与保护的积极作用。一方面，加强专业技术转移机构建设。相比美国 20 世纪 20 年代开始建立 TLO，国内 TLO 建设较晚且数量较少，成果转化能力相对薄弱，存在产权保护不足、成果推广不够等问题。2017 年，我国仅 264 家研发机构和高校（占比 9.5%）设立 TLO，其中仅 19 家发挥了重要作用。[①]政府要鼓励高校建设综合的 TLO，提供全流程的专业服务；鼓励建设专项领域的 TLO，有针对性地提供成果转化中如知识产权运营、维权等某一流程的专业服务。另一方面，增聘专业技术转移运营队伍。2017 年，有 43%的高校及科研院所建立了知识产权专职管理机构，其中八成配置人员不超 2 名；尚有 9.3%的高校及科研院所未建立任何机构。缺乏技术转移专业队伍，被认为是专利转化的最大障碍。[②]因此，亟须增聘一批懂技术的学科权威担任成果鉴定专家，增聘一批懂法律、懂市场、会管理的复合型人才担任转化经纪人，聘请执行力强、能解决实

---

① 中国科技成果管理研究会，国家科技评估中心，中国科学技术信息研究所. 中国科技成果转化年度报告 2018（高等院校与科研院所篇）[M]. 北京：科学技术文献出版社，2019：75-79.

② 国家知识产权局战略规划司. 2018 年中国专利调查报告［EB/OL］.（2018-12）[2023-12-20］. https://www.cnipa.gov.cn/module/download/down.jsp?i_ID=40215&colID=88.

际问题、发挥实际作用的人担任转化服务人,以加强转化服务,提供产权保护,促进创新成果转化。

（四）全面落实激励政策,有效激发创新活力

伯尔曼（D. Berman）指出,宏观执行（macro-implementation）和微观执行（micro-implementation）是社会公共政策执行的两部分,而微观执行时有必要做政策调整。①我国倾向于对某一规范做宏观而非具体的规定,再加上各地情况不一,微观执行时对政策进行区域化、精细化的操作性调整显得尤为必要。国家制定了一系列较好的高校科研激励政策,若各地不制定适应本地情况的具体制度,政策实施就成了难题,尤其是某些关键环节有可能成为创新的"梗阻"。一方面,要充分落实奖励政策。2016年的某项调查显示,科研人员奖励政策落实现状不理想,有59.2%的获年终绩效奖励,45.3%的成果转化纳入职称评定,29.7%的获技术转让收入提成,而获税收减免的仅占15.3%。②税收优惠备案复杂,尤其是递延纳税执行偏差问题严重;因院校层面没有制定与国家政策相应的方案,科研人员收益分配、提成奖励存在制度风险,需加快制定细则,加速政策落地。另一方面,要全面执行分类评价。在现行评价体系导向下,高校的理念与实践中"重科研、轻推广"的偏向严重,考核与评聘主要关注项目和论文,尚未真正落实成果转化激励性评价体系。高校需要深刻地认识国家政策导向,及时调整办事流程,加快制定操作化细则,逐步推进改革,全面落实激励政策,同时注意激励效用,避免发生边缘递减现象,最大限度地激发高校的创新活力。

（五）集聚整合创新要素,加快推进经济建设

有效发挥高校的学科集群和人才集群优势,推动各类创新要素聚集,实现多链融合发展,形成一批以高校为中心的区域科技创新基地。一是优化制度建

---

① Berman D. The Study of Macro and Micro Implementation of Social Policy [M]. Santa Monica, CA: The Rand Corporation, 1978: 10-22.
② 中华人民共和国教育部,中华人民共和国科学技术部. 中国普通高校创新能力监测报告2016 [M]. 北京:科学技术文献出版社,2016:70.

设。政府参与规划和宣传，增强市场的知晓度；提供审批绿色通道、行政便利、土地减免等优惠，提高区域的吸引力；建立多部门协同的 TLO，提供集中服务，加强支撑保障；加快完善人才引进制度，为掌握核心技术的国内外优秀创新人才提供优厚的薪酬条件、住房环境条件、职称头衔等发展条件，以及落户落编等竞争条件；全方位地吸引企业、高校、人才等创新主体，统筹推进吸引创新要素集聚的制度建设。二是推进"双创"平台建设。目前，运营良好的"双创"平台较少，有的与市场联系不紧密、企业入驻率低等问题突出，需实现创新产业链融合发展，产学研用深度合作，发挥培育人才、孵化高新技术的作用，提高创新创富能力。三是积极促进区域科创中心尤其是高科技湾区的发展。如中关村、杭州城西、青岛蓝谷等已形成的区域创新中心，还有正在发育的雄安新区、粤港澳大湾区等一批新的区域创新中心。因此，我们应持续加大国内外优质的高校创新资源集聚力度，优化整体创新生态，建设高校科研发展的新高地。[1]

四、健全完善高校科研新型机制的举措

（一）准确把握科技创新新型机制的内涵与特征

深入理解新型举国体制的内涵与特征，是准确把握科技创新新型机制的前提。一是政府精细化治理与市场作用机制相结合。统筹政府优势与市场作用，促进资源配置最优化，是科技创新新型举国体制的突出特征和独特优势。[2]政府通过精细化治理提供良好的政策、法律和制度环境，市场主导资源配置，促进科技创新项目开放互动，激发各主体的创新活力。二是科技创新的综合效益成为重要考量之一。传统科技创新举国体制不计成本投入和经济效益产出，科技创新成果不面向市场，科技创新价值链处于断裂状态，造成资源隐性浪费。科技创新新型举国体制将从产品导向转为商品导向，将科技创新的学术理论价值、技术革命价值、产业经济价值串联形成完整的价值链，实现资源利用最大化。三是不同创新主体有效协同至为关键。科技创新新型举国体制将"破除一

---

[1] 周海涛，郑淑超. 高校科研体制七十年变革的历程和趋向［J］. 高等教育研究，2019（9）：40-45.

[2] 新型举国体制"新"在何处［EB/OL］.（2019-07-23）［2022-05-10］. https://epaper.gmw.cn/ wzb/html/2019-07/23/nw.D110000wzb_20190723_1-06.htm.

切制约科技创新的思想障碍和制度藩篱","清除有形无形的'栅栏',打破院内院外的'围墙'"①,推动不同创新主体的有效协同,进一步激活创新主体的自主性和内在活力,形成动力持续化、结构多元化、协同关系网络化的动态演化性创新生态系统。

(二)系统构建科技创新新型机制的制度框架

完整系统和精细周严的制度设计有利于减少未来实施层面的阻力,保障新型机制正常、高效运行。一是全面分析科技创新全过程的制度需求。在科技创新新型举国体制下,精心设计科技创新活动的科学决策、资金筹措、责任分工、研发组织、产权所有、技术转化、项目评估、利益分配等环节,构建包括项目决策制度、资金筹措制度、责任划分制度、研发组织制度、知识产权划分与保护制度、技术转化制度、项目考评制度、利益分配制度等在内的制度框架。二是理顺不同创新主体的利益关系。不同主体利益需求的满意程度,会影响整体制度框架的稳定性和科技创新活动中协同合作的长效性。在深度把握不同创新主体利益需求的基础上,积极寻求利益结合点,理顺利益相关关系。三是依法落实科技创新发展保障制度。国家法律法规应加快研讨细化知识产权创造、运用、交易、保护制度规则,加强知识产权保护,健全知识产权侵权惩罚性赔偿制度。加强对中小型企业、高校毕业生、社会组织和团体等的创新行为的政策支持和制度保障,以此激发社会群体的创新发展动力。

(三)着力优化关键核心技术攻关项目组织运行模式

关键核心技术是科技创新新型举国体制的重点工作内容,是我国迈向现代化强国的战略支撑、实现经济发展动力转换的重要抓手。②一是科学论证和遴选关键核心技术攻关项目。分析和论证项目的前期研究基础、发展前景、项目周期、预算与风险、创新价值和经济效益,建立健全关键核心技术选题工作制

---

① 谷业凯,吴月辉,喻思南等. 破除一切制约科技创新的思想障碍和制度藩篱——习近平总书记在两院院士大会上的重要讲话引起热烈反响[EB/OL].(2018-06-01)[2021-01-01]. http://cpc.people.com.cn/n1/2018/0601/c419242-30027509.html.

② 樊继达. 以新型举国体制优势提升关键核心技术自主创新能力[J]. 中国党政干部论坛,2020(9):48-51.

度、规范的专家遴选制度和选题工作准则。二是合理引入市场机制，激发创新活力。发挥市场在资源配置方面的优势，将按供求关系配置资源与政府补偿性资源支持结合起来，进一步激发项目参与方的创新活力。积极引导科技创新意识前瞻先进、科研经费充足稳定、科研队伍实力强劲、科研设备高端精良的创新型企业，参与关键核心技术研发工作。三是促进资源集中向集成转变，放大技术溢出效应。科技创新新型举国体制下的关键核心技术攻关项目应更尊重科技创新的自发性和原始性，注重科技创新成果在不同技术领域可能产生的综合影响，实现资源集成利用最大化，放大技术的溢出效应。

（四）加快创建发挥重点高校国家队作用的创新生态系统

应加快创建发挥重点高校国家队作用的创新生态系统，进一步深化科研体制机制改革，加快释放高校广大科研工作人员的创新潜能。一是深化科技体制机制改革，加强高校创新平台建设。加快调整依托院系的条块分割式科研组织格局，构建现实需求与实际问题导向的项目式管理体制。充分发挥高校的组织优势，构建主体多元、开放合作、交互融合的高校创新平台，深度聚合高水平、高层次的科技创新资源，实现创新可持续性驱动。二是强化创新型人才培养，加强高校科技创新团队建设。着力优化人才尤其是基础学科领域人才的培养方案，依托拔尖创新计划、强基计划培养高精尖创新人才，强化高校科技创新人才的源头供给。优化科研创新队伍建设，构建帅才型科学家引领、实力型学者支持、成长型学者助推的科技创新团队。三是紧密联系市场主体，促进高校科技创新成果转化。高校应紧密联系市场主体，建设一体化、全能式或多元化、专门化的技术转移机构[1]，打造以科技研究中心、技术转移中心、成果孵化中心为主体的产业化服务体系，全方位推进和落实高校科技创新成果转化工作，推动科学研究、技术转移、成果孵化等工作"全链式"发展。

（五）巩固完善政产研学用一体化协同机制

科技创新新型举国体制应紧扣多方协作的特征，促进不同创新主体的科学分工，形成政产研学用一体化的协同机制。一是借鉴国际科技创新举国体制可行经验。对重大创新成功案例进行深入的研究和讨论，总结构建协同合作机制

---

[1] 郑淑超. 高校科技体制改革亟待解决的几个问题[J]. 中国高校科技，2021（3）：40-43.

第三章 高等院校机制设计与组织创新

的成功经验,为解决平衡不同创新主体的利益冲突、加强利益联结与实力聚合等复杂问题提供参考。二是明确不同创新主体的角色分工。政府是统筹协调者;高校是组织研发者;企业是项目投资者与研发参与者;市场通过供求关系、资源配置、创新要素流通和经济效益等作用机制,成为整体创新链的串联者。三是培养和扶持第三方科技创新中介服务机构。第三方科技创新中介服务机构主体性质的中立性和组织功能的服务性,为促进不同主体间有效沟通,缓解不同利益主体的矛盾、冲突提供了平台,所以应积极扶持第三方科技创新中介服务机构,引导其充分发挥自身的优势,为构建长效性协同机制发挥作用。

第三节 有分有合的组织管理机制

如何实现政府治理与学校办学、社会评价的良性互动,是深化高等教育领域综合改革、完善中国特色现代大学制度的重要课题。国际上高等教育发达国家在进入规模化发展阶段后,通过不同的方式推进政府、大学、社会的相对独立和有效联动,起到了提升高等教育质量和增强国家竞争力的重大作用。随着我国高等教育改革进入深水区,"深入推进管办评分离",亟待政府转变教育行政职能,让渡"不该管"也"管不好"的权责;学校和社会相关组织作为"简政放权"的承接者,担当起相应的职能和任务,共同构建"政府管教育、学校办教育、社会评教育"的高等教育发展新局面。

一、高等院校的管办评分离改革依据

大学与政府、社会之间的内在关系是不言而喻的,它们因性质相对独立而存在,因职能相对分离而增效。

(一)管办评分离的理性基础

1088年,意大利博洛尼亚大学问世。神圣罗马帝国皇帝腓特烈一世于1158年颁布法令,规定大学不受任何权力的影响,确定了其作为研究场所享有独立性的正式身份。这不但确立了博洛尼亚大学的性质,也确立了欧洲大学作为独立教研机构的性质。文艺复兴运动以来,大学活动日益复杂,高等教育功效日趋放大,学校与政府之间相互影响,在不同时期出现了各不相同的高等教育关系格局。工业革命更是冲击了人类生活的方方面面,引发了社会的历史性巨

变，大学在其中既起到了不可替代的作用，也无一例外地经历了变迁和演进。在伯顿·克拉克的国家权力-学术权威-市场三角协调模式谱系中，存在政治的、官僚的、专业的和市场的四种协调类型，前三种是管控高等教育的权威模式，第四种是相互作用的市场模式。①一方面，每种途径会产生反应停滞或反应失败，具有难以完全独自克服的局限性；另一方面，由于大学自诞生就形成了"追求学术自由、追求管理自主"的传统，决定了它对"自主性"的追求。因此，只有尊重和保护大学相对独立自主的天性，才能充分释放大学发展的内生动力，使大学自觉运用多种途径，实现各种力量的协调互补。

纵观高等教育史，政府的高等教育治理方式不断变革。国家和政府是一种"特殊的公共权力"，政府职能体系包括统治职能、管理职能和服务职能。当代政府统治职能隐性化、管理职能刚性化和服务职能扩大化的趋势非常明显②，尤其是政府的高等教育管理和服务职能更是在不断加强与优化。根据荷兰学者范富格特的区分，政府与大学的关系存在国家控制和国家监督（促进）两种模式。③前者以苏联高等教育为典型，后者则以美国高等教育为代表。有学者将美国政府对大学的管理概括为"远距离驾驭"，联邦政府对大学的影响较为微弱，主要通过立法、财政资助和信息服务来影响大学；而有关教育的使命和目标的基本决策属于院校权责的范畴，诸如课程、学位、人员和财政的基本决策留给院校自己。联邦政府把自己限定在间接干预上，支持高等教育大规模的私有化和多样化。④当然，政府对高等教育管理和服务的必要程度随时代发展而变化。政府在高等教育改革与发展中应保持应有地位，既不能理想化地把管理和服务的职责完全寄托在大规模的学校自主办学和社会专业评价上，也不能失范地干预，过度介入高等教育的微观领域。

20世纪，范海斯（van Hise）的"威斯康星思想"（Wisconsin idea）创造性地提出了大学的第三职能——通过培养人才和输送知识两条渠道，为社会提供

---

① 伯顿·R. 克拉克. 高等教育系统——学术组织的跨国研究［M］. 王承绪，徐辉，殷企平，等译. 杭州：杭州大学出版社，1994：162.

② 朱光磊. 转型期尤需重视问题的"社会性"［N］. 人民日报，2013-10-10（005）.

③ 伯顿·R. 克拉克. 高等教育系统——学术组织的跨国研究［M］. 王承绪，徐辉，殷企平，等译. 杭州：杭州大学出版社，1994：162.

④ 许海杰，叶忠. 显著的自由和远距离的驾驭——美国大学和政府的关系［J］. 河北师范大学学报（教育科学版），2007（1）：70-73.

直接的服务。这一方面使大学与社会生产、生活实际更紧密地联系在一起,另一方面社会力量对大学的影响也同步得到强化。法国社会学家迪尔凯姆(Durkheim)的研究发现,如果社会力量整合缺失,将陷入"沉睡"状态;如果社会力量整合过度,社会将进入"亢奋"状态。前者表现为社会对所有问题持漠不关心的态度,易致政府冒进管制;后者则对所有问题都持精力过剩的激进状态,表现为挤压、抱怨并存。①从比较的视角来看,高等教育比较发达的国家都重视培育、壮大高等教育中介组织,开辟其监督、服务高等教育的空间,进而充分激发社会活力和创造力,促进高等教育领域的政府治理、学校办学、社会评价之间协调互动,形成合力,更好地满足多样化的高等教育需求。

(二)管办评分离的实践效能

高等教育领域的管办评分离,不仅有其理性根基,而且蕴藏着巨大的实践效能。

首先,有力推进国家高等教育治理体系和治理能力现代化。实现政府对高等教育的善治,离不开大学的自主办学自觉和中介组织的公正评价服务。只有促使有效的政府治理、规范的学校办学、专业的社会评价相结合,三方在功能上互相补充,才能到达众所向往的理想治理境地。从凯恩斯主义支配下的"全能政府"包办高等教育,到新自由主义影响下的"以市场为取向"的高等教育改革,再到新结构主义潮流中高等教育的共治、共生、共享,各国政府都在探索高等教育有效治理的范围和方式。无论是以理性计划见长的欧洲大陆"国家控制"模式,还是以大学自主管理为主的英美"国家监督"模式,政府对社会和市场活动都具有规范职能,政府有义务对大学施加影响,但这种管理是适度的,以促进大学健康发展、不侵害办学自主权为限。管办评分离,是政府高等教育治理有序的基本前提;制度健全、职能适中的高等教育治理体系,是国际上政府在高等教育领域凝聚力强、影响力大的共同特征。

其次,真正落实大学的办学自主权。大学既是培养人才的摇篮,也是引领创新的灯塔、助推社会的服务站,还是传承文化的枢纽。履行现代社会分工体系赋予大学的教学、科研、服务、文化传承四大职能,大学必须遵循高等教育规律办学,尊重大学生身心发展规律进行教学,按照科研规律开展研究,适应

---

① 周尚君. 法治中国应激发社会活力[N]. 人民日报, 2013-12-27(005).

社会服务和文化赓续的内在逻辑办事，这需要大学有相应的自主权。推行管办评分离，使得政府回归宏观管理，促使社会注入正能量，保证大学的相对独立性，包括相对于政府的独立性和相对于社会、市场的独立性，真正遵循规律办学，使大学结合自身的实际处理具体事务。美国高等教育系统[①]是一个范例，每所大学具有相当大的自主权和灵活性，如自主招生、自主设置专业、自主管理本校内部事务等，并及时根据社会和市场的变化做出反应，由此构筑起全球范围内的高等教育"高地"。

最后，充分发挥社会专业组织的监督和评价效用。世界上高等教育评估的主体是社会上的第三方中介机构。如美国通过认证来评估高等教育质量的认证模式，由民间的社会中介机构来实施，设有一套认证的最低标准，对高校的办学理念、教学、科研、服务等方面做出引导性的要求，判断被认证高校是否具备通过认证的最基本条件。一方面，它保障了高等教育质量的底线，起到了质量"守门人"的作用；另一方面，它也是一种"目标达成"评估，以院校根据认证标准制定的目标为标准，确定院校是否达成预定目标和任务，并提出改进意见与咨询建议，充分尊重高校的质量自主权，凸显了高等教育质量"推进器"的效能。再如，英国通过院校审核来评估高等教育的审核模式，由既独立于政府又独立于大学的社会中介组织——高等教育质量保障署（The Quality Assurance Agency for Higher Education，QAA）对英国境内外高等院校开展审核；通过类似财经系统的财务审核方式，不鉴定受审院校的学术水平本身，而是对院校保障学术水准和质量水平的机制的有效性、真实性、可靠性，以及为达到既定目标而提高自身学术水准的方法技术、维持质量的规则程序及实际应用情况进行考察和评议，直接激励高校改进质量管理，促进英国实现高等教育质量保障目标。[②]

（三）管办评分离的基本预期

高等教育的管办评分离，意味着政府、学校与社会在法律的框架下严守着

---

① 伯顿·R. 克拉克. 高等教育系统——学术组织的跨国研究[M]. 王承绪，徐辉，殷企平，等译. 杭州：杭州大学出版社，1994：159.
② 周海涛. 世界高等教育质量评估发展背景、模式和趋势[J]. 教育研究，2008（10）：91-95.

各自的边界，共同发挥各自应有的功能，各自展现不同的优势，从而实现善治、良治和共治的理想。实现管办评分离后，高等教育领域不再拥有一种简单的自上而下的指令系统，而拥有善治自信、善治理性、善治智慧的政府将很好地调动和平衡各种力量，创设学校自主办学和社会参与评价的机会条件、环境"土壤"。大学将成为一个严整意义上的现代化机构，学校既自主办学、自我治理，也接受国家监管和社会评价。社会专业组织深度参与，对高等教育发展发挥内在支撑作用，使得大学更多、更好地回应国家关切和社会诉求。

　　管办评分离的实质是，理顺政府、学校和社会专业组织之间的关系。以1985年颁布的《中共中央关于教育体制改革的决定》为标志，我国高等教育体制改革在改革开放大背景下不断推进，但仍未从根本上改变政府越位、学校失位、社会缺位的局面。一是政府过多干预大学的微观办学行为，尤其是对学术事务亦有干预，同时宏观管理方面仍有提升空间，监督调控职责未有效履行，出现由于职能定位不清而引致的越位、缺位并存现象。二是大学受政府管束过多，与政府的关系体现为一种依附关系，导致有的大学管理者习惯于揣摩和服从政府的意志，更多关注如何获取行政配置的资源，对办学规律研究不够，自主发展和自我约束的意识不强。[①]三是随着以政事分开为特征，由政社高度合一向政社分工合作转变[②]，高等教育中介组织在大学评价咨询、决策支持、经验交流、信息共享等方面发挥了一定的作用，但由于权威性不够、法规不健全、经费不稳定等[③]因素的制约，与中介组织的应有功能相比还有很大的提升空间。高等教育通过管办评分离改革，可以实现权力和责任的均衡、权利和义务的对等，使得政府、大学、社会各方各司其职、各归其位，形成三方协同、三强联动的格局。

　　管办评分离的关键在于，明确以均衡为特征的治理秩序和实现路径。管办评分离的治理秩序，更加注重高等教育领域的协调性、专业性和系统性；管办评分离的实现路径，格外强调分寸感、层次性和关联性。管办评分离的本质是进行职能调整优化，改变长期以来政府一定程度上集管理、办学、评价于一身的失衡局面，规避决策、执行、监督一体化带来的诸多弊端。同时，管办评分

---

① 熊丙奇. 高校行政化之弊端[J]. 学习月刊, 2009 (21): 28-29.
② 王建军. 论政府与民间组织关系的重构[J]. 中国行政管理, 2007 (6): 54-57.
③ 徐家良. 激发社会组织能量重点在政府改革[N]. 广州日报, 2011-12-05 (004).

离决非一分了之、一蹴而就,有分有合、既分又合的循环联动是题中应有之义。在实践中,高校应及时总结、提炼管办评分离的运行生态、经验和做法,在渐进式反馈和调整过程中完善与发展中国特色现代大学制度。

二、高等院校的管办评分离路向

高等教育领域各类"主体是谁""做什么""负什么责""怎么做",是"管办评分离"的基本问题。只有在主体、职能、责任和手段上进行有效分离,才能使各方明晰定位、行使权能、担负责任、发挥效用。

(一)主体分离

以往在高等教育领域,有的部门在某种程度上既当管理员,又当运动员,还当裁判员。这带来的结果是难免会自说自话,公信力受损,说服力打折;缺乏相互监督和相互制约,无论哪个环节出了问题,都难以进行问责和及时改进,容易陷入僵化固化的泥潭[1],弱化改革动力和发展活力。为此,首要的任务是将这种"三合一"的角色叠加转化为三方相对独立,实现主体分离。

"管理员"是政府。政府是最具统筹性的力量。国务院和地方各级人民政府根据分级管理、分工负责的原则,领导和管理教育工作。教育行政部门主管高等教育工作,统筹规划、协调管理高等教育事业。

"运动员"是学校。学校是最具能动性的力量。高校自批准设立或者登记注册之日起取得法人资格,大学及其他高等教育机构在民事活动中依法享有民事权利,承担民事责任,依法自主办学。

"裁判员"是社会专业组织。社会专业组织的本质决定了其最适合进行评价监督。《国家中长期教育改革和发展规划纲要(2010—2020年)》强调,积极培育专业教育服务机构;鼓励专门机构和社会中介机构对高等学校学科、专业、课程等水平和质量进行评估;探索与国际高水平教育评价机构合作,形成中国特色学校评价模式;积极发挥行业协会、专业学会、基金会等各类社会组织在教育公共治理中的作用。

---

[1] 俞水,易鑫. 推进教育治理体系和治理能力现代化[N]. 中国教育报,2013-12-05(003).

（二）职能分离

职能分离主要解决三类主体各自"做什么"的问题，核心在于界定好管办评三方的职能，明确各自的职权范围，做到相互不越位、不错位、不缺位，三者都占有特定的地位和履行相应的职能。

政府履行管理职能。政府的高等教育管理职能主要包括统筹规划、政策引导、监督管理和提供服务。[①]中央政府统一领导和管理国家教育事业，制定发展规划、方针政策和基本标准，优化学科专业、类型、层次结构和区域布局；整体部署教育改革试验，统筹区域协调发展。地方政府负责落实国家方针政策，开展教育改革试验，根据职责分工负责区域内教育改革、发展和稳定。这是政府在今后高等教育公共治理具体事务中的职能范围[②]，由政府在高等教育领域的主导地位确定。

学校履行办学职能。拥有办学主体自觉意识的学校不依附于政府，能够摆脱"等靠要"的思想禁锢，按照国家法律法规和宏观政策，充分行使办学自主权。健全和完善依法办学、自主管理、民主监督、社会参与的现代大学制度。依法制定章程，依照章程自主管理学校。自主设置和调整学科、专业，突出办学特色。自主制定并组织实施学校规划，明确战略重点。自主设置教学、科研、行政管理机构，提高内部管理绩效。自主管理和使用人才、财产及经费，调动教职员工的积极性，提高资源配置效率。自主开展教学活动、科学研究、技术开发和社会服务，培养各种专门人才和创新型人才，支持创新型国家建设。

社会专业组织履行评价职能。社会组织承担教育督导评估、决策咨询、信息管理、考试认证、资格评审等功能，提供管理咨询、监督和评估服务，重点是为政府决策提供参考，为高校改进教学提供依据，为社会公众监督提供信息。

[①] 国家中长期教育改革和发展规划纲要（2010—2020年）[EB/OL]（2010-07-29）[2022-05-20]. http://www.moe.gov.cn/srcsite/A01/s7048/201007/t20100729_171904.html.

[②] 宋官东，吴访非. 我国教育公共治理的路径探析[J]. 中国教育学刊，2010（12）：19-22.

（三）责任分离

职能明确，就不会越界；责任清晰，就不会推脱。高等教育管办评的责任分离，能保障政府治理有效、学校办学有为、社会评价有序。

政府承担监管责任。政府应有所关注，有所不为。重在创造高等教育健康发展的良好环境，为学校提供必要的办学条件和稳定的办学经费；保证国家教育方针的贯彻落实，保证学校的办学方向正确；规范各类高校办学条件标准和办学行为，保证教育的公正性，保障学生拥有平等的受教育权；维护学校、教师和学生的合法权益。

学校守护质量责任。学校要有所坚守，有所作为。应当切实贯彻国家的教育方针，执行国家教育教学标准，全面保证教育教学质量；以"民胞物与"的精神，维护受教育者、教师及其他职工的合法权益；以适当方式为受教育者及其监护人了解受教育者的学业成绩及其他有关情况提供便利；遵照国家有关规定收取费用并公开收费项目；依法接受监督。

社会专业组织尽到监督责任。社会专业组织要有所参与，有所不取。在评价中保持中立，突出"评"在"管"和"办"互动中的相对独立，并充当联系政府与学校的桥梁；保持专业性，建立科学规范的评估制度；保持公平、公正、公开，增强评估的公信力。

（四）手段（方式）分离

管、办、评职能的履行，有赖于适配的手段；管、办、评责任的落实，有赖于合意的方式。高等教育管办评手段和方式的分离是权责分离的外在表现。

政府宏观指导。政府管理手段、方式转变的基本动向是，由微观管理走向宏观管理、由直接管理走向间接管理、由办教育转变为管教育、由管理转变为服务。具体如下：扭转未能遵循教育规律和人才培养规律，过多依赖行政命令手段来管理大学，随意性较大、缺乏法制性的做法；扭转个别人员简单、粗暴的管理行为；改变直接管理学校的单一方式，综合应用立法、拨款、规划、信息服务、政策指导和必要的行政措施，减少对学校不必要的行政干预[①]，避免以

---

① 国家中长期教育改革和发展规划纲要（2010—2020年）[EB/OL]（2010-07-29）[2022-05-20］. http://www.moe.gov.cn/ srcsite/A01/s7048/201007/t20100729_171904.html.

管代评或以评代管，优化宏观管理。

学校微观（法人）治理。学校要主动摒弃行政化的倾向和方式，由外控式管理转变为学校自主式的法人治理方式，在学校内部构建决策权、执行权、监督权分权制衡的法人内部治理结构，健全董（理）事会制度，建立内部监督和评价机制，倡导教师、学生家长、用人单位、校友等利益相关者的共同治理。

社会组织专业评价。社会中介组织要选用先进的评估手段，确保评估的技术含量；引入多方力量参与，形成多元教育质量评价体系；提高对评估方案指标体系的研制能力，不断强化专业性。

三、高等院校的管办评联动途径

任何力量都是相关的，任何活动都是互动的，任何因素都是相关联的，管办评也无法"绝对"分离。[1]为避免出现权力真空、职能"死角"、责任盲区、资源浪费，完整意义上的"管办评分离"必然包含融合共享、互动协同，需要公共精神和联动渠道发挥"润滑剂"的作用。

（一）目标汇合

高等教育管办评分离后，政府、学校、社会三类主体虽然各安其位、各尽其责，但是三者的理想目标是完全一致的。

第一，构建现代公共服务型政府高等教育管理体制。高等教育治理是一种公共治理和系统治理，是政府、社会专业组织、市场、公民等主体通过参与、对话、谈判、协商等集体选择行动，共同参与高等教育公共事务的管理。[2]三方共同努力，一道构建政事分开、权责明确、统筹协调、规范有序的现代公共服务型政府高等教育管理体制。

第二，协同提升高等教育管理效率。管办评分离，也是充分发挥教育领域人力、财力、物力、信息等的作用，利用教育内外部各种有利条件，高效率地实现教育管理目标的活动过程。政府依法对学校实行宏观管理，提供优质、高效的服务。学校建立现代大学制度，依法自主办学，逐步形成"自主管理、自

---

[1] 俞水，易鑫. 推进教育治理体系和治理能力现代化[N]. 中国教育报，2013-12-05（003）.
[2] 姜美玲. 教育公共治理：内涵、特征与模式[J]. 全球教育展望，2009（5）：39-46.

主发展、自我约束、社会监督"的办学机制。社会层面的评估机构广泛参与教育评价，从而提高管理效率和服务质量。

第三，推进高等教育的内涵式发展。管办评分离，最终是为了政府不再直接参与学校的微观管理，让社会来进行多元评价，增强学校依法自主办学和主动适应社会需求的活力，更好地培养德智体美劳全面发展的社会主义事业的建设者和接班人，实现建设高等教育强国的目标。

（二）机制融合

分离的职能需要融通性传递装置，明晰的责任需要联结的责任链条。管办评分离后的"成长烦恼""转型阵痛"，也需要健全一整套行之有效的机制来化解。

第一，建立共同参与的公共教育决策机制。一方面采取联合调研、集体会商、相互咨询等方式，共同研究解决发展难题、管理重大问题；另一方面完善重大教育决策的审议制度和听证制度，提高公共教育决策回应公众和社会需求的能力。

第二，建立共同协调的工作信息反馈机制。在政府和学校、社会专业组织之间建立良好的联系和沟通渠道，形成工作信息反馈机制，使各方在有效沟通的基础上改进管理行为，提高服务水平。

第三，建立相互制约的教育绩效问责制度。政府通过建立教育服务标准、明确绩效标准、建立资源协议、明确预算和财务管理要求等，与学校建立绩效管理合约，或与社会专业组织建立委托管理、购买评估、咨询等服务合约。对于政校绩效管理合约，通过购买第三方专业评估组织的专项评估进行客观评价，并建立问责机制。政府与社会专业组织间的服务合约，也可以通过第三方的专业评估服务来落实问责机制。[①]

（三）资源整合

在管办评分离过程中，为节约高等教育治理成本、维持和强化治理效果，需要整合资源，实现资源效率最大化。

第一，推动信息资源整合。推进政务、校务、教务等公开，加强教育电子

---

① 尹后庆. "管办评联动"机制创新研究——基于上海浦东教育改革的探索［J］. 教育发展研究，2006（20）：1-7.

政务系统建设，共享法律法规、政策条例、政策实施、行政预算、公共教育开支、评估、监测评估报告等信息，填平信息鸿沟，互通有无，使各方包括公众获得与自己利益相关的高等教育信息，奠定精益管理的基础。

第二，推动人力资源整合。发挥政府、学校及社会专业组织各自的人力资源优势，有效整合政府管理者的宏观把握、高校专家学者的理论与实践研究、社会组织专业工作者的市场分析的优势，取长补短、互为智囊。

第三，推动组织网络资源整合。在管办评分离过程中，鼓励和支持各方参与，利用好政府的行政网络、学校的学术圈层、社会组织的专业群落，实现政府主导作用、学校主体作用、社会主推作用协同联动，集聚推进高等教育发展的动力、激发推进高等教育发展的活力。①

---

① 周海涛. 高等教育"管办评分离"的缘由与路径 [J]. 国家教育行政学院学报，2014（3）：3-8.

第四章
高等院校规划统筹与战略塑造

高等院校可以通过战略性的统筹规划，实现资源的合理配置和有效利用，从而减少浪费，因此规划的节约是最大的节约。而战略的成败是决定性要素，高水平的高等院校治理，离不开把准院校发展的重点走向，提出学科建设规划，塑造治理创新优势的路径。

第一节　高等院校未来发展的重点走向

步入新发展阶段，我们面临世界百年未有之大变局，国际政治、经济、科技、文化、安全等加速调整，世界进入动荡变革期。同时，我国站在新历史起点上，持续发展具有多方面优势和条件，如我们有雄厚物质技术基础，超大规模市场优势和内需潜力，庞大的人力资本和人才资源等；但发展不平衡、不充分的问题仍然突出，人民日益增长的美好生活需要明显提高。面对两个大局新特征、社会主要矛盾发展新变化、国内循环为主的双循环新格局、教育现代化建设新任务，高等院校需承载起时代赋予的历史重任，把握所处的历史方位，理性选择未来发展的重点走向。

一、不忘初心使命，做出育人新贡献

一方面，确立育人目标定位的新高度，不忘立德树人初心，牢记为党育人、为国育才的使命，培养担当民族复兴大任的时代新人。随着我国跨入人均GDP 10 000 美元以上的时代，青年一代的大学生肩负着引领和适应社会发展新需求的历史担当，培养具备现代品德、品格、品质的文明人变得更加重要。未来教育政策的新导向是提升一流人才培养与创新能力，全面推进高校课程思政建设，加快构建对学生进行德智体美劳全面培养的高质量教育体系。另一方面，我们也要看到一些现存的问题。我国的教育结构、学科专业结构和人才培养结构方面与新发展格局及产业结构升级还不太适应，应用型、复合型、技术技能型人才培养的比重偏低。进入普及化时代，高等教育更加注重质量，体现为学生素养的全面发展，但仍然存在"立德树人"认识、课程思政建设、劳动教育不到位的现象。此外，高校在教育教学督导方面的作用发挥得不够，督导机构还不健全，督导机构的权威性不足，督导结果的运用还不充分。

面对人才培养的现存问题和未来形势，高校应自觉回归到以人民为中心的理论基点、价值支点、实践原点，将彰显人民至上论、人民幸福论的以人民为中心的思想体现在高等教育之中，也就是为人民创造美好的高等教育，高等教育服务人民的美好生活。深入理解以人民为中心的育才观，就要把握如何培养人、为谁培养人、培养什么人三个问题。如何培养人？高校要教导大学生向人民学习，增进与人民群众的感情，与人民同忧乐，学习人民创造的科学文化精神财富，扎根人民的生活实践，汲取成长成才所需要的养分。为谁培养人？高校应培育大学生为人民服务。大学生要真心为人民群众服务，努力为时代的进步和发展服务，认真为国家战略和中国梦的实现服务。培养什么人？高校应引领大学生成为具有爱国情怀、社会责任感、创新精神和实践能力的人才。

具体来看，一是优化人才培养结构。把握学科专业调整的趋势，抓住交叉学科成为第十四个学科门类的契机，综合采用多种举措，引导院系及时调整学科专业结构；构建动态调整机制，促进人才培养与产业发展同频共振；推动学科交叉融合，提高应用型、复合型等人才的培养比例；建设一批理论和实践相结合的未来学院，加快培养具有前瞻交叉思维的创新人才。二是构建促进学生德智体美劳全面发展的课程体系。落实立德树人根本任务，实现显性课程和隐性课程的结合；加强课程思政建设，科学设计，分类推进，横向贯通，三位一体；加强劳动教育，构建劳育课程体系，开展实践活动，健全评价制度。三是深化新时代教育质量督导体制机制。完善督导政策和标准，重点督导立德树人、全面发展的落实情况；强化质量保障和督导制度，凝聚质量理念共识，充分、合理地使用质量督导评估结果，促进高校的质量保障能力建设迈上新台阶。

二、推进自主创新，强化国家战略的科技新动能

一方面，德国曾从工业和科技结合的角度，把工业发展进程划分为蒸汽机、电力、计算机和互联网、智能化四个阶段，提出了"工业 4.0"的概念。[①]日本提出了经历狩猎社会、农耕社会、工业社会、信息社会后进入以人为中心的超级智能社会 5.0 概念[②]，人的生活、工作等各方面超智能化，人也将变成一个智慧的公民。当今，国际核心技术竞争摆在我们面前，科技革命的离散、多元化、叠加性特征越发明显。"十四五"期间，国家将改善科技创新生态，激发创新创造活力，给广大科学家和科技工作者搭建施展才华的舞台。高校责无旁贷，应该努力实现更多"从 0 到 1"的突破。

---

① 王罗汉，王伟楠. 德国工业 4.0 十年发展回顾与对中国的启示［J］. 全球科技经济瞭望，2021（12）：6-11.
② 崔成，蒋钦云. 日本超智能社会 5.0——大变革时代的科技创新战略［J］. 中国经贸导刊，2016（36）：34-36.

另一方面，现在一些科研主体的自主创新不充分，高校未能全面激发各类主体的科研能动性和创新活力；融合程度较低，融合的模式比较单一，合作的机制不够完善；原始创新能力不够，创新人才储备不足，管理机制的便捷性有待加强。

具体来看，推进自主创新，强化国家战略的科技新动能要从以下方面努力。

一是要深化制度机制改革，扩大科研自主权。优化科研管理机制，减少评、检、审，加大经费、器材、人员方面的自主权；明确人才评价导向，尊重科研规律及科研人才；落实分类评价措施，落实项目评价、人才评价、机构评价改革，下放职称评审权，扩大院系的自主权。

二是要完善合作机制，促进深度融合。丰富融合模式，探索建设创新基地、现代产业学院、特色示范性软件学院等；优化保障机制，搭建信息共享及服务平台，完善激发创新主体积极性的激励机制。

三是要强化政策支持，提升原始创新能力。转变政府职能，由分钱、分物、分项目转变为定战略、定方针、定政策；大力支持基础研究，加大资金投入和政策倾斜力度；完善科技创新人才队伍建设，加强战略科学家和创新型科技人才的发现、培养、激励机制，凝聚"高精尖缺"的帅才型科学家；培育"从0到1"的原始创新项目，优化重组国家实验室，实行项目经费包干、人才单独评审、延长项目评价时限等改革，建立容错机制。

三、强化社会服务能力，支撑构建新发展格局

一方面，尽管近年来一些国家和经济体的贸易保护主义抬头、逆全球化的极端做法加剧，但我国与周边国家双边、多边贸易关系良好，国内大循环活力日益强劲，高等院校在国家发展过程中被赋予了"国之重器"的属性特征，"十四五"期间，高校应更加主动地面向世界科技前沿、面向经济主战场、面向国家重大需求、面向人民生命健康，服务社会。

另一方面，需要看到有的高校在有些领域表现出创新应用性较弱，成果转化率、转化价值偏低，服务国家、区域经济发展能力不足，对标国家重大发展战略的落实程度不够，与区域行业企业发展的结合不紧密等问题，高校需要立足未来国内为主的双循环新格局定位，把握高等教育和经济社会的"深度融合期"，从而有所作为。

面对构建以国内大循环为主体、国内国际双循环相互促进的新发展格局，

高校需要运用知识和人才等方面的综合优势，提升社会服务效能。知识本身没有直接的物化价值，只有应用于生产生活才释放出物化价值；学者本来无异于常人，只有带来社会福祉才体现出独特的作用。"十四五"时期，高校服务需要将盘活本校资源与引进国内外高水平资源结合起来，推进区域产学研一体化建设与学校、区域发展规划建设相结合，服务国家战略性新兴产业与区域传统特色产业相结合。

具体来看，强化社会服务能力，支撑构建新发展格局，要从以下方面努力。

第一，彰显知识、技术创新的应用性价值。充分发挥市场的导向作用，坚持供给侧结构性改革，以需求来牵引供给，以供给创造需求。同时，要关注人民生命健康需要，把科研、论文、服务做在祖国大地上。

第二，提高科技成果转化的质与量。加大激励力度，提高主要贡献人员的奖励份额，同时将他们在成果转化方面的投入、业绩纳入职称评审；在成果转化方面，优化保障体系，健全组织机构建设、优化技术转移服务等。我们通过调研发现，有的大学科技园成果已到了工厂应用、批量投产的阶段，但成果转移工厂后，由于没有掌握具体操作技术而搁浅，企业特别希望高校转移成果时也能提供技术售后服务，这方面的高校服务有待进一步落实。

第三，强化高校服务国家重大战略的能力。将"卡脖子"清单变成科研清单、攻坚清单；加强央、地联动，地、校联动，实现联动共振；对标国家重大战略性技术需求，促进创新集群方面的整体性发展。建好高等教育集聚区，推动高校对接区域经济发展。对接当前的京津冀一体化、长江经济带、粤港澳大湾区、海南自贸区以及"一带一路"沿线、中西部高等教育发展等高等教育战略布局，高校要积极找到各自的契合点；挖掘新工科、新农科、新医科、新文科的潜力，主动融入区域经济，促进产业转型升级，在贡献中谋发展。

四、推动高水平开放，打造高等教育开放的新优势

2020年，教育部等八部委发布《关于加快和扩大新时代教育对外开放的意见》，坚持内外统筹、提质增效、主动引领、有序开放，对新时代教育对外开放进行了重点部署。一是在教育对外开放中贯彻全面深化改革的要求；二是把培养具有全球竞争力的人才放在重要位置；三是推动教育对外开放实现高质量内涵式发展；四是积极向国际社会贡献教育治理中国方案。同时，在2020年国际教育服务贸易论坛等平台上，我国支持海南自由贸易港、粤港澳大

区、长三角、雄安新区在教育开放领域先行先试,高质量创新发展,打造教育对外开放新高地。[①]

我们也看到波动性风险增大成为复杂国际环境下高等教育合作面临的现实挑战,"引进来"的国际吸引力还有待增强,"走出去"的合作方式也需要不断创新。此外,由于疫情的影响,高等教育国际合作方面也出现了一些限制性因素,影响了一些华裔科学家的发展。有的国家排外情绪与行为不断增加,并且针对海外华人学者的大规模系统审查,使华人学者面临被起诉、开除或被迫辞职的困境,职业生涯受损。"十四五"期间,这些问题将会持续存在,高校还有相当大的空间来寻求共同合作。面对高等教育国际开放合作新态势,我们应坚持教育开放合作的战略定力,以开放推进改革,以合作提升质量,凝聚全目标、全方位、全要素的教育开放合作新共识,面向全球,以我为主,为我所用。

具体来看,可以从以下几个方面着手。第一,高度关注和化解国际合作风险。强化风险研判意识,增强识别能力,正视风险行为;提升风险防控能力,完善应急预案,推动"备份制"常态化。第二,提升来华留学生教育国际吸引力。提升留学生教育的含金量,严格准入、强化课程、提质扩容、服务全球,实现在学术面前同等标准;保障留学生教育优质发展,给予充分的政策与资金支持。第三,创新教育合作方式。保障既有教育合作项目的平稳发展,推动实质等效的学分互认、学历互认、合作办学等;拓展高层次人才交流形式,鼓励基于科研、教学、产业的合作形式创新。

五、打造学科建设高地,形成品牌新特色

学科是高校开展人才培养与科学研究的基本单位,学科专业建设是高校办学的"基础建设",学科发展水平是高校延揽优质生源、吸纳社会资源等的核心因素,因此,学科建设是高校服务国家战略、推进区域行业发展的重要举措。

一些高校存在学科模式定位难、学科队伍优化难、学科建设考核标准落实难、学科特色积淀难等一些瓶颈。

---

① 教育部. 加快和扩大教育对外开放 大力提升我国教育的国际影响力——教育部国际司(港澳台办)负责人就《关于加快和扩大新时代教育对外开放的意见》答记者问[EB/OL].(2020-06-18)[2022-12-29]. http://www.moe.gov.cn/jyb_xwfb/s271/202006/t20200617_466545.html.

"十四五"时期,高校在学科建设上宜分类施策。推动经典学科寻找新的问题,以新形势、新需求为导向,展现经典学科发展的时代风貌。促进基础学科面向实践应用,以"产学研"合作为契机,与区域经济社会发展需求相结合,增强基础学科的发展活力。推进传统学科交叉融合发展,加强学科交叉平台建设,以传统优势学科为中心构建学科群,形成鲜明的学科特色。全力推动各学科在"主流"中错位发展,结合办学传统加强在地研究,"接地气",办出特色。

具体来看,一是选定合适的学科建设模式。比如,以学科逻辑集成的学理模式,重在遵循学科发展内在逻辑,科学制定发展规划、打造学科队伍、构筑平台、营造良好的发展环境,统筹推进学科体系建设;以优势先导重整的领域模式,重在做大做强优势学科,围绕优势学科整合教育资源、组建特色领域,推进学校优势学科集群发展;以区域需求组建的集团模式,重在对接区域产业发展需求,构建学科建设与区域需求的动态调整机制和融合机制,形成区域需求导向的学科发展体系;搭天线向外借力的平台模式,重在借助国家重大战略规划、区域重大发展需求,自建或共建高水平的学科发展平台,促进全校学科的发展。二是完善产教融合链条。比如,行业领域有什么样的时代新动向,就设立什么样的学科专业;行业领域里面有什么样的产业难题,就共建什么样的平台;行业领域有什么样的知识和技术新需求,就主攻什么样的学科方向;学校有什么样的优势学科,就孵化什么样的新企业、新领域。三是平衡好五对关系。主要包括在理念方面平衡内部建设与外部服务的关系,资源方面平衡自我造血与外部支持的关系,平台方面平衡聚焦自建与嫁接共享的关系,绩效方面平衡学界认同与社会认可的关系,特色方面平衡特色化与精准化的关系。

六、探索线上线下融合,优化共享新模式

疫情期间在线教育的大规模发展,客观上推动了教育与技术的融合。线上教育的超常规发展,促使线上教学进入高速发展时期,线上教学也将进入升级跃迁的阶段。

在线上教育教学的便捷性得到广泛认可的同时,探索线上线下融合发展成为未来教育发展模式创新的走向。一些高校线上教育教学遇到的技术瓶颈、需求瓶颈,以及教师使用线上教育教学技术的能力瓶颈,是"十四五"期间需要重点关注的议题。

面对未来线上线下共存的教育教学图景,需要关注和实现三个"统一"。一是教育教学标准化和个性化的统一。线上教育给我们提供了一种无差异、一视同仁、平等对待的教育教学可能,同时线上教育需进一步挖掘教育的定制化、可视化、交互化、智能化潜力。二是效能和监管的统一。线上教育、线上会议给我们提供了一种很强的动能,能让我们节省通勤时间、节约成本,但同时线上教育可能会出现头像造假、失真替代等情况,所以全方位的监管必须跟上。三是线上教育国际化拓展与潜在性升值的统一。线上教育给高等教育插上翅膀,让一些国家平台开拓、开放为世界平台,同时高校未来可以通过人工智能等技术消除数字鸿沟,来获得更大的数字红利。

具体来看,第一,建立高等教育线上线下融合机制。吸纳教育专家、课程专家、技术专家等组建新型团队,利用线上线下优势互补的方式,突破线上教育教学的限制;动态跟踪调研教情、学情,广泛参考各类主体的意见。第二,以学生发展为中心,建构融合教学质量标准体系。深度关注学生需求,利用融合优势满足学生个性化、多元化的需求;关注教育评价,发挥技术的优势,推动过程性评估与结果性评估相结合。第三,构建高校教师教育教学创新激励机制。设立高校教育技术创新成果奖,为高校教师技术赋能提供动力;预留教育技术推行的制度弹性,为处于不同职业生涯阶段的教师增添底气。

第二节　学科建设的典型模式和基本策略

学科是高校人才培养、科技创新、社会服务的载体和依托。大力推进一流学科建设,既是加快"双一流"建设的核心内容,也是增强高校内涵式发展能力的关键所在。新时代,如何抓住发展机遇、直面发展难题、破解发展瓶颈,加快一流学科建设进程,成为高校改革发展的重要时代命题。

一、高校一流学科建设的典型模式

长期以来,我国高校在探索和实践中,遵循"学科内在逻辑""优势先导逻辑""需求导向逻辑""平台支撑逻辑"等学科建设逻辑,分别形成了"学理模式""领域模式""集团模式""平台模式"等典型的学科建设模式。

（一）以学科逻辑集成的学理模式

一流学科建设的"学理模式"遵循学科内在逻辑，以加强有逻辑关联学科的关键要素、夯实学科基础资源为抓手，推进一流学科建设。一是通盘设计学科体系。统筹考虑学校办学的历史、未来发展规划、学科发展优势、现有资源条件等关键要素，加强对学科发展的系统谋划，有计划、有组织、分步骤地推进一流学科建设。二是打造学科队伍。在将既定学科作为重点建设学科后，给予更多政策优惠和支持，加大重点学科引才、育才力度，根据学科发展需要，加快建立高水平的学科团队。三是营造有利的发展环境。建立重点建设学科专项支持政策体系，为重点建设学科建立"绿色通道""发展特区"，在科研财务制度、人才跨学科合作制度、人员激励与评价制度等方面给予其更多的优惠和支持。

（二）以优势先导重整的领域模式

一流学科建设的"领域模式"遵循优势先导逻辑，以做大做强优势学科带动学科领域和学科群的发展为重点，加快一流学科建设。一方面，做大做强学校优势学科，同时加强对这些优势学科发展的引导和支持。统筹学校学科发展全局，充分考虑学科已有发展基础、学校未来发展规划、未来经济社会发展的人才需求等因素，综合确定学校重点建设的优势学科。对优势学科优先进行发展规划、优先保障经费投入、优先满足发展需求，全面提升优势学科的高端人才聚集、高素质人才培养、高质量科研成果产出、高水平社会服务的能力，增强优势学科对学校其他相关学科的战略辐射和引导能力。另一方面，围绕优势学科整合资源，推进优势学科集群发展。将优势学科作为学校发展的主干学科，紧紧围绕优势学科的发展需要整合资源，推动形成以主干学科为核心、基础学科和支撑学科共同发展的良好学科布局，以聚力推进优势学科的异军突起，带动学校整个学科体系的发展。

（三）以区域需求组建的集团模式

一流学科建设的"集团模式"遵循需求导向逻辑，以加强学校学科建设与区域产业需求对接、构建区域需求导向的学科群为突破口，助力一流学科建设。一方面，一流高校密切关注区域产业发展需求，构建学科建设与区域需求间的动态调整机制。为了更好地将学校学科建设与区域产业发展需求挂钩，高校建立由学校管理者、专业课任课教师、地方政府人员、相关行业专家、地方大中型企业管理者等主体参与的社会人才需求预测组织，依靠多方力量、吸纳多方意见、集聚多方资源，密切关注区域主体产业发展的人才需求，不断根据区域产业发展需求调整学校的学科建设布局。另一方面，围绕区域发展重大战略需求，建立学校与区域重大需求相适应的学科体系。瞄准区域重大发展战略及大中型企业的人才需求，结合学校学科建设的已有基础，科学规划学校重点建设的主干学科。紧紧围绕主干学科整合其他相关学科，推进学校形成面向区域重大需求的主干学科与其他相关学科同步发展的学科集团化发展格局。

（四）搭天线向外借力的平台模式

一流学科建设的"平台模式"遵循平台支撑逻辑，以建设高水平学科发展平台为依托，助推一流学科建设。一方面，紧跟国家及区域发展的重大项目，建立各类高水平的学科发展平台。紧密关注国家及区域发展重大项目，及时抓住战略机遇，结合学校学科发展的特点和优势，凝聚全校之力、加强系统谋划、推进协同创新，通过校内外合作共建国家级科研基地、省部级基地、地市级基地，或"先校内自建，后争取支持"等方式，建立水平较高、层次分明、分布广泛的学科发展平台，为学科的长远发展积蓄实力。另一方面，依托学科发展平台调整学科体系，形成平台引领的学科建设模式。促进学校学科建设与平台建设同频共振，加强统一规划、统一支持、统一发展；围绕学校学科发展平台尤其是重大学科发展平台，调整学校学科发展体系，将重点学科建设与重大学科平台发展相统一，以加大对学科平台发展的重点支持和政策优惠，促进学校学科体系的快速发展。

二、加强学科发展谋划，实现科学精准定位

科学的发展谋划是一流学科建设的前提，尤其是在一些高校办学资源不足、优势不强的情形下，系统科学的谋划显得尤为重要，而有的高校对学科发展的谋划还相对不足，学科建设还没有明确的目标定位、建设重点和建设模式，一流学科建设方向不清。

第一，有的学科建设定位谋划不足，建设目标不清。科学的学科建设目标定位，往往既立足于经济社会发展需求与高校发展的战略目标，又与高校学科

第四章 高等院校规划统筹与战略塑造

发展的已有基础及基础的教育资源状况相适应，能够为学科建设提供清晰的目标指引。然而，从高校学科建设目标定位的实际情况来看，有的高校学科建设还缺乏科学论证和整体规划，建设目标还不够明确。主要表现为：学科建设呈现出"自由散漫""盲目发展"的状态，学科方向"多而杂"，缺乏长远的发展目标，也未形成稳定的发展方向，学科发展"内耗"问题突出。[①]

第二，有的学科建设重点谋划不足，建设重点不定。推进一流学科建设，应在科学地选定重点建设学科后，对其进行长期稳定的政策支持和重点建设，才可能有所突破。当前，有的高校在学科建设中还缺乏"重点建设"的意识，既在学科的实际管理和支持中没有主次之分，也经常由于人员情况、个人喜好、发展利益等的变化，不断调整学科建设重点，致使重点学科"摇摆不定"、方向设置"时有更替"，建设成效也不尽如人意。[②]

第三，有的学科建设模式谋划不足，建设模式不一。探索建立既符合校情又相对成熟的学科建设模式，是推进一流学科建设的关键。然而，当前我国一些高校对"什么是学科建设""怎么建设学科"等基础性问题还不够清楚，在学科建设中呈现出了无明确建设方向、学科资源整合度低、学科布局重点不清、忽视重大项目培育等问题[③]，从而使得一些高校对各种学科建设模式都是浅尝辄止，学科发展不温不火。

高校应加强对学科建设目标、重点、模式的系统谋划，以精准的学科建设目标和适切的学科建设模式，为一流学科建设提供方向引导。一是应加强学科建设定位谋划，促进各类学科错位发展。统筹考虑区域经济社会发展需求、高校发展战略目标，以及学科发展已有基础与学校教育资源状况，将学校顶层设计与院系深度谋划结合起来，在多层面科学论证的基础上加强学科发展统筹规划，清晰地界定不同学科的建设目标，推进学校不同学科错位发展、协同发展，明确学科建设的主攻方向。二是应加强学科建设重点谋划，引导部分学科率先突围。坚持"差别支持，重点优先"的学科重点建设战略，针对不同学科

---

① 施鲁莎. 基于学科建设提升一般地方本科院校的核心竞争力［J］. 教育与职业，2009（33）：28-29.
② 杨洪. 地方高校重点学科建设的实践与思考［J］. 高教学刊，2015（17）：198-199.
③ 王忠，熊国信. 地方高校学科建设的基本问题分析［J］. 中国高等教育学会科研管理研究分会2005年度学术年会论文集，2005：139-142.

发展的目标定位，采取不同的支持方式和建设策略。坚定不移地优先支持重点建设学科，举全校之力给予重点建设学科更大的资金投入、资源支持、政策优惠，以大力促进重点建设学科优先发展、优先突围，带动学校整个学科体系的快速发展。三是应加强学科建设模式谋划，不断优化学科建设模式。加强学科建设基本理论研究，以及对学校特殊校情、学科建设基础、学科发展条件等关键要素的调研，加快构建既符合学科建设内在逻辑又符合学校实际情况的学科建设模式。明确学科建设方向、夯实学科发展基础、加强重点学科建设、完善学科建设机制，在实践中不断完善学科建设模式，使其更加契合学科的实际发展情况，推进学校各类学科协同发展。

三、优化人才引育氛围，聚集各类优秀人才

一流的人才队伍是一流学科建设的根本依托，而我国高端人才流动呈现出了"人才东南飞"与"向部属高校集中"的双重特征。一些高校由于人才引进和培育的基础不佳、机制不畅等原因，难以有效聚集学科发展所需要的高端人才，一流学科建设后劲不足。

第一，有的学科发展平台水平较低，对高层次人才的吸引力不够。高水平的学科发展平台是一流学科建设的基础、吸引高层次人才的关键。与部属高校相比，有的地方高校学科发展平台整体水平较低，又由于办学经费有限等因素的影响，不但没有较大的发展平台和发展空间，而且也难以提供较高的工资待遇与福利保障，致使高校学科发展长期面临着人才增量水平低、对学科带头人等高端人才的吸引力不足等困境。[1]

第二，有的人才引进规划不佳，学科队伍结构有待优化。有序引进学科发展所需要的高层次人才，能够为一流学科建设注入强大动力。然而，当前我国一些高校的高层次人才引进还缺乏系统科学的规划，出现了盲目引进等"短视"行为。[2]具体表现在，有的高校或为了迎合市场需求而申报新专业，或受学位点和教学评估工作硬性指标要求的限制，为达到相应的师资要求，不得不临时引进

---

[1] 吴海江，楼世洲."入围或突围"："双一流"建设背景下地方高校学科发展的挑战与应对[J]. 教育发展研究，2018（Z1）：22-29.
[2] 杨新华，居占杰. 地方高校高层次人才队伍建设中的问题及对策研究[J]. 湖南师范大学教育科学学报，2015（3）：69-73.

一些高学历和高职称人才，但由于缺乏系统规划，学科发展急需的人没进来，不需要的人却引进得太多，人才积压和资源浪费问题突出。①

第三，有的人才培育机制不畅，学科队伍专业发展受限。完善的人才培育机制是加快教师专业发展、提升学科队伍整体水平的重要保障。当前，我国一些高校尚未构建起完善的教师专业发展机制。从现实情况来看，由于多数高校生师比过大、师资力量比较薄弱，一些新进教师往往经简单培训之后便立马上岗，教学任务也比较重，没有过多的时间参与培训。同时，由于不够重视、资金有限、机制不畅等原因，一些学校并没有建立完善的教师发展支持体系，这既不利于教师个人的专业发展，也不利于学科队伍潜能的充分发挥。②

高校应强化学科平台建设、完善人才引进模式与人才培育机制，以良好的人才引育氛围聚集各类优秀人才，为一流学科建设注入强大动能。一是应加强学科平台建设，夯实学科发展基础。根据学科建设目标，加强学科平台建设统筹规划，厘清各学科平台建设重点、任务分工、推进机制。将"虚体平台"与"实体平台"、"实体硬件平台"与"网络软件平台"建设结合起来，在全面开展学科平台建设的基础上，突出对重点学科平台建设的支持，有计划、有组织、有重点地系统推进。不断完善学科平台建设管理、监督、激励机制，为平台建设提供坚实的保障。③二是应完善人才引进模式，有序引进高端人才。树立科学的人才观，结合学科建设需要对人才引进工作进行系统规划。既应推行教师总量管理制度，在准确把握学科发展师资需求的基础上，坚持"以我为主，按需设岗，按需引进"的原则，完善岗位分级分类管理和聘任制度，以及不同类型人才的选拔标准和聘用程序，也应建立重点学科人才引进与高端人才引进绿色通道，将保证重点学科人才需求与有序引进高端人才同步推进。三是应健全人才培育机制，提升学科队伍的实力。加快建立健全教师专业发展机制，强化教师发展专项投入与重点支持，全面提升学科教师队伍水平。一方面，应完善契合教师效能提升的岗位培训制度，将"线上培训"与"线下培训"、教师在岗学

---

① 吴淑娟，梁朦朦. 关于地方高校人才引进工作的思考[J]. 出国与就业（就业版），2010（24）：13-15.
② 唐世纲. 地方高校教师教学能力发展的困惑与选择[J]. 教育导刊，2016（1）：78-81.
③ 王葆华，冯佐海，庞保成，等. 高校学科平台建设问题的思考与对策[J]. 高等理科教育，2011（2）：33-35.

习、专题培训、外出访学等多种形式结合起来；另一方面，应搭建完善的"学校层面-地方政府层面-国家层面"梯次递进的教师专业发展项目体系，为教师专业成长提供清晰的轨道。①

四、明晰学科建设标准，落实学科建设考核

明确的学科建设考核标准，是充分凝聚共识、集聚力量、激发学科建设潜能的关键所在。目前，我国高校学科建设考核评价标准还不够系统和明确，各类主体的考核标准实践落实难度较大，一流学科建设动能激发不力。

第一，有的建设单位考核标准不明，单位建设效果难以把握。自国家"双一流"建设政策正式实施以来，我国学界和业界都十分关心"双一流"建设的评估标准问题，但到目前为止，国家还没有出台明确的高校"双一流"建设成效评价标准。2018年下半年，国家正式启动了"双一流"建设中期评估工作，但这些评估多是由高校自身对标"中国特色，世界一流"的整体标准进行质性评价，没有在探索中形成达成共识的评价标准。同时，由于一些高校的学科发展定位不清、表述具体化程度不够，评价标准的实践操作性较差。

第二，有的学科团队考核标准不明，团队绩效评价难以落实。建立完善的科研团队考核标准体系，是激发团队效能、加快学科发展的重要举措。然而，从我国高校的实际情况看，一方面，一些学校学科团队的意识较为淡薄，队伍内部沟通协调机制不健全、方向和力量分散，"带头人不带头""团队不成团队"，学科缺乏发展合力；另一方面，在学科团队考核评价方面，一些学校还未建立单独的学科团队评价体系，也有一些学校的相关评价指标体系还不够全面与合理、行政力量干预过大、评价方式也不太科学等。②

第三，有的教师个人考核标准不明，个人突出贡献难以考评。落实教师个人评价，是释放学科建设潜力、激发学科建设活力的关键。当前，囿于学科团队建设意识淡薄、学科评价体系建设滞后等因素，一些高校往往较多地对教师个人开展单纯的绩效评价、多关注教师个人发展，较少将教师评价放在整个学科发展的话语体系下推进落实。学校针对学科队伍内部不同身份人员的评价机

---

① 周海涛，胡万山. 大学青年教师队伍建设的难题与对策 [J]. 国家教育行政学院学报，2018（5）：32-37.

② 刘杰. 高校科研团队考核评价机制研究 [J]. 中国高校科技，2019（8）：33-36.

制不健全，使学科建设中常"有带头人没有责任人，有目标没有指标，有要求没有考核，有考核没有奖惩"，学科建设松松垮垮、走走停停、缺少活力。[①]

健全学科建设、团队贡献、个人绩效评价机制，以完善的学科建设考核机制激发各类主体学科建设潜能，能为高校一流学科建设增添活力。一是应完善学科建设自评体系，落实对标世界一流。高校应结合不同学科建设目标定位，根据"中国特色，世界一流"整体导向，充分参考教育部初步提出的"一流大学""一流学科"建设两套动态监测指标体系，重点在"坚持正确建设方向""坚持世界一流目标""突出服务国家战略""突出内涵发展导向""体现学校和学科特色"等方面[②]，进一步细化学科建设评价指标体系，为把握学校整体学科建设情况提供科学依据。二是应健全学科团队评价机制，激发团队建设效能。高校应转变"重个体评价，轻集体评价"的传统评价观念，建立健全学科团队考核评价机制，从促进学科发展的角度对整个学科团队进行综合考评，重点关注团队协作能力、人才培养能力、科技创新能力、社会服务能力、内部辐射能力等团队能力。[③]在评价方式上，应统筹学科团队自评、学校层面评价与第三方评价等多种评价方式，全面把握团队学科建设状况，激发团队学科建设效能。三是应改革教师绩效评价方式，突出学科建设贡献。改革只关注教师个人发展的评价方式，更多地将教师个人评价放在整个学科团队发展中进行综合考量，重点考察教师在个人发展基础上对学科发展做出的突出贡献，引导教师将个人发展与学科发展统一起来。另外，还应针对学科团队中不同身份教师采用不同的评价标准，推进教师分类评价，着力增强每一位教师的能动性。

五、改善学校科研环境，聚力产出重大成果

重大科研成果产出是一流学科建设的助推器，而受到科研基础薄弱、科研模式不成熟、科研机制不健全等因素的影响，我国一些高校难以产出重大的科

[①] 地方高校用钱就能砸出来双一流高校来吗［EB/OL］.（2018-01-30）［2019-11-20］. http://www.sohu.com/a/219822756_374087.

[②] 翁铁慧. 加快推进"双一流"建设 努力建设高等教育强国［J］. 中国高教研究，2019（11）：1-4.

[③] 朱晓琴，廖萍. 高校科技创新团队评价指标的设计［J］. 广西民族师范学院学报，2010（1）：136-139.

研成果，科研影响力比较有限，一流学科建设的支撑力不强。

第一，有的科研基础薄弱，致使出大成果难。雄厚的科研基础是产出重大科研成果的基本条件，而我国部分高校由于地域、办学历史、办学经费等因素的限制，无论是学科发展还是科研基础都相对薄弱，与部属高校和重点高校相比，整体实力的差距十分明显[1]，其主要表现在科研意识比较淡薄、研究方向不够明确、科研队伍不够精干，科研项目资金有限、平台建设相对薄弱，科研成果较少、重大科研成果稀缺，科技创新能力有限等方面。[2]这使得高校在深入推进科技创新、加快重大科研成果产出上步履维艰。

第二，一些"游击性科研"的存在使得出高水平成果难。当前，我国高校科研呈现出了"散、短、繁"的"游击性科研"特征，不利于重大科研成果产出。一是科研团队意识不强，科研人员多"各自为战""一人一个山头"，显得力量较为薄弱；二是科研项目大多"短平快"，能拿到什么课题就研究什么课题，研究方向的持续性和稳定性较差；三是科研人员往往承担着种类和数量繁多的课题，精力分散、用心不专，每个方向的研究深度又比较有限。这种力量单薄、方向不稳、用心不专的科研状态，难以产出重大科研成果。

第三，有的科研政策机制不健全，致使出大成果难。完善而又灵活的科研政策机制，是促进学科产出重大科研成果的重要保障。其中，科研财务制度和教师评价制度是最为核心的制度。从我国高校的财务制度来看，财务管理中还存在着管理理念落后、管理制度不健全、管理模式不成熟等问题，对科研经费"控制过度，管得过死"，科研经费管理缺乏灵活性[3]；从教师评价制度看，还存在评价目的重管理轻引导、评价内容重局部轻整体、评价指标重数量轻质量、评价方法重定量轻定性等问题。[4]这都不利于重大科研成果的研发和产出。

建议高校加大科研专项投入、不断完善学校科研模式和机制，以良好的科研环境孕育重大科研成果，为高校一流学科建设提供强大的支撑。一是应加大

---

① 蔺洪全，苟军平. 地方高校重点学科人才队伍建设实证研究［J］. 中国轻工教育，2012（4）：5-8，26.

② 马明中. 关于地方高校优势学科建设的思考［J］. 教育探索，2015（1）：60-64.

③ 王殿祥. 地方高校财务管理存在的问题及对策［J］. 河北民族师范学院学报，2014（2）：127-128.

④ 曹如军. 地方高校教师评价制度设计：问题及变革思路［J］. 重庆科技学院学报（社会科学版），2017（1）：99-101.

科研专项投入，改善科研基础条件。充分重视教师科研对学科建设与学校发展的重要意义，将科研作为一项重要工作与其他工作进行统筹规划。加大科研经费专项投入，根据学科建设需要在校内设立类型多样、层次分明、重点突出的科研项目体系，强化学校项目对省部级和国家级重大项目的培育功能，不断提高教师的科研能力；加强科研基础资源建设，努力改善学校科研硬件条件，尤其是应强化重点学科方向的实验室、实验设备等建设，为科技创新奠定坚实的基础。二是应大力完善科研模式，推进团队协同创新。加快改革"游击性科研"模式，以学科为单位加强对教师科研工作的统筹管理。根据学科建设目标凝练重点科研方向，引导教师将个人研究方向与学科重点方向统一起来，集中力量在学科重点方向上，着力申报系列重大科研项目，推进全体教师开展协同创新，使全体教师长期在"一处着力，一处用心"，通过深耕学科重点方向，培育重大科研成果。三是应不断优化科研机制，营造良好的科研环境。加快转变"管理"思想为"服务"理念，着力构建以服务为核心的科研政策机制，在合法的范围内最大限度地给予科研人员方便和自由，重点推进科研经费管理制度改革，在允许的范围内最大限度地减少不必要的行政审批和报账程序，使教师从"报账"和"填表"等繁杂的事务中解脱出来。

六、创新学科发展路径，培育学科发展特色

清晰的学科发展路径是一流学科建设的保障，而我国高校学科建设路径倾向于借鉴部属高校经验和国家统一学科目录的较多，结合自身实际情况的自主探索较少，契合实际的学科发展路径还不清晰，一流学科建设特色不彰。

第一，有的侧重模仿部属高校，自我探索较少。相比部属高校，地方高校整体较差的办学条件、较低的办学水平、较弱的办学实力，一定程度上使其在学科建设中表现出了"不自信"的状态，往往倾向于向部属高校学习。加之高等教育扩招以来，一些高校纷纷增设学科、扩大校区，刻意追求规模效应，使其没有太多时间去探索适合自身的学科建设路径，更是强化了对部属高校学科建设模式的模仿。由于这些模式多"水土不服"，且"贪大了数量，摊薄了质量"，出现了"强势学科不强，弱势学科更弱"的窘境。[①]

---

① 徐永利."双一流"背景下地方高校自我发展的特色与转向[J]. 黑龙江高教研究，2018（8）：16-19.

第二，有的紧跟学科目录，自我调适不多。由于办学历史相对较短、办学经验有限、办学模式不成熟等原因，一些地方院校为了"少走弯路"，在学科建设上紧跟国家统一的学科目录，结合自身实际情况的自主调试较少。从现实情况来看，"地方举办，地方投资，隶属地方"的特点，决定了高校要取得更好的发展必须坚持服务于地方的战略方针。学科建设紧跟国家学科目录而较少与当地实际结合，既使得高校服务地方的能力不足、办学资金来源受限，也致使学科发展特色难以充分显现。[①]

第三，有的学科融合机制不畅，创新难度较大。学科交叉融合是寻找新的学科增长点、凸显学科特色的重要举措。当前，我国高校还未形成完善的学科交叉融合机制，学科交叉融合创新难度较大。主要表现在：学科资源配置机制不完善，一些学校内部的结构性矛盾突出，二级学院和学科建设的独立性较强，校内学院之间、学科之间、人员之间的协同创新较为困难，不同院系和学科"条块分割""各自为战"的特征明显；部分高校在科研人员协同攻关方面的人员流动、科研人员聘任、职称评定、绩效评价等机制难以适应协同创新的要求。[②]

坚持面向区域特色产业与重大需求、不断完善学科交叉融合机制，以创新学科发展路径培育学科发展特色，为高校一流学科建设增色添彩。一是应立足区域发展特色，建立特色学科体系。"立足区域发展""扎根实践探索""贴近民族文化"是我国一些高校的重要特征，学校应以充分挖掘区域特色来培育特色学科。密切关注区域特色产业，构建与特色产业需要相适应的学科体系；加强学科建设改革探索，不断积累经验、总结提升，探索建立独具特色的学科体系；深入研究区域民族传统、民族智慧、民族精神，构建具有民族特色的学科体系。[③]二是应面向区域重大需求，推进学科集群发展。充分发挥高校"立足地方，面向地方，服务地方"的办学优势，统筹学校学科建设方向与区域产业发

[①] 吴海江，楼世洲. "入围或突围"："双一流"建设背景下地方高校学科发展的挑战与应对[J]. 教育发展研究，2018（Z1）：22-29.

[②] 赵哲. 地方高校科研管理机制的现实问题与改革对策——基于辽宁地方高校协同创新的视角[J]. 重庆高教研究，2015（3）：46-50.

[③] 徐高明. 省域高水平大学建设：内涵、动因及路径[J]. 中国高教研究，2017（1）：38-43.

展重大需求,坚持根据区域重大需求调整学科专业体系,促进学校形成区域重大需求导向的学科专业集群,以区域需求为学校学科建设"着色"。三是应完善学科融合机制,促进学科交叉融合。加快消除影响和阻碍学科交叉融合的制度性因素,在加强交叉学科建设与发展规律研究的基础上,建立健全有利于推动和促进学科交叉融合的管理制度与规范。①在改革方向上,应重点改革现行学科管理机制"刚性较强,弹性不够""界限分明,包容不够"等问题,增强学科管理机制的弹性、包容性、灵活性。不断完善学科交叉融合机制,以设立跨学科重大科研项目、搭建跨学科发展平台、健全人事管理制度等为重点,推进学科交叉融合,培育学科发展特色。②

第三节 学校塑造治理创新优势的战略路径

新阶段,在"建成中国特色、世界一流的高等教育体系"的目标指引下,政府、高校和社会各方协同聚焦高校组织方式、内部服务和支撑手段,进一步拓宽和优化高校治理创新路径,已成为全面、快速、持续提升高校治理能力的关键之举。有学者认为,治理是多元化社会变化中重建各利益相关主体力量平衡的一种机制,其实质要义是重构各利益相关主体的权责或利益。③创新高校治理是一个动态持续的过程,其并非试图完全颠覆高校科层制倾向的管理模式,而是将治理作为一种"嵌入式"的理念、方法和技术,融入高校现有的管理模式之中,主要通过创新高校治理要素、优化现有制度机制功能,使之焕发出生机活力。④当前,高校的传统管理模式日渐式微,组织方式趋同化、内部服务碎片化和支撑手段工具化等现象严重,凸显了高校治理体系不完善、治理能力不匹配、治理技术不支持等突出问题⑤,成为新阶段高校治理现代化进程面临的重

---

① 袁小鹏. 论建立促进学科融合的良性机制[J]. 科技管理研究, 2007(8): 46-48.

② 周海涛, 胡万山. 地方高校高水平学科建设的模式、难点与对策[J]. 高等教育研究, 2020(3): 36-41, 85.

③ 陈金圣. 重塑大学治理体系:大学治理能力现代化的实现路径[J]. 教育发展研究, 2014(9): 20-26.

④ 韩福国. 作为嵌入性治理资源的协商民主——现代城市治理中的政府与社会互动规则[J]. 复旦学报(社会科学版), 2013(3): 156-164, 170.

⑤ 华起. 构建新时代高校内部治理体系[N]. 中国教育报, 2018-05-17(006).

大难题。推进高校治理能力现代化是高校适应时代发展需要的"系统升级",与高校治理结构一起成为推动高校治理发展的重要引擎。在加快推进高等教育治理体系和治理能力现代化的形势下,打破制约高校治理创新的外部和内部瓶颈势在必行。新时期,优化高校治理创新路径、激发高校治理新活力、提升高校治理成效,应以优化体系、提质增效、赋能增能为目标,重点突出高校治理中的组织方式创新、内部服务创新和支撑手段创新,充分激发高校内涵式发展的生机活力,全面提升高校治理体系与治理能力的现代化水平。

一、推进以优化治理体系为目标的高校组织方式创新

在重塑政府、高校和社会之间权责关系的"放管服"与"管办评分离"改革中,以优化高校治理体系为目标的高校组织体系和组织方式的变革,仍然存在一些与其所处的高等教育系统内外部环境不匹配、不协调的现象。从宏观层面看,有的高校在一定程度上还是作为行政体系在高等教育系统的延伸,取消高校行政级别的改革落地难,高校管理人员通过行政程序选拔任免,延续着浓厚的行政化色彩。在传统的高校管理模式下,高校及其利益相关者基于生存与发展的目标驱动,在适应行政体系等级化序列中,难以避免地陷入被动与保守的境遇之中,弱化了高校内外不同子系统之间的互动,致使传统高校的组织结构、组织要素、组织方式和组织意识难以与高校的组织目标同频共振,也与多元参与、共同治理时代的高校改革发展目标相偏离。此外,高校与社会的关系日益紧密,高校服务社会的领域更加宽泛、形式更加多样、参与程度更深,社会参与高校治理的愿望也愈发强烈。[①] 诸多影响高校与社会之间互动的障碍亟待清除,推动高校组织方式变革将是破除这一障碍的关键。从中观层面看,以科层制为典型特征的传统高校组织,更多受制于管理的规则、层级,学校、学部和学院之间的协调度不够,承担人才培养、科学研究和社会服务职责的具体部门之间的配合度不足,总的来说,其作为学术组织不能敏锐地适应时代要求。同时,各组织和部门之间过于强调等级秩序与层次,弱化了各组织与部门自身的主动意识和创新精神。高校组织在这种相对固化的环境下犹如温水中的青蛙,对于所处环境的变化缺乏敏感性,未能精准研判内部忧患与外在危机,更

---

① 刘永林."双一流"背景下地方高校治理中社会参与的基本路径及其优化策略[J]. 黑龙江高教研究,2020(4):1-5.

第四章 高等院校规划统筹与战略塑造

无法进行主动、有效的应对。忧患意识的缺失和应对能力的不足，往往使有的高校茫然失措，难以应对挑战，也无法抓住机遇。从微观层面看，高校内部治理结构的部门化，造成各组织、各部门及工作人员无法完全实现组织、部门、学科、专业之间的衔接有序、运转顺畅和协同发展，进而无法彰显学术组织的学术特性与共治特征。高校内部组织过于强调相互之间的分工和职责，在确保各自具有独自的目标和权限的同时，也妨碍了组织之间的正常沟通，弱化了相互之间不可缺少的协同性。高校内部各部门的决策及应对策略难以得到其他部门的响应，这种相互割裂的状态滋生了专业主义与部门主义，使得共享融通变得更加困难，也严重弱化了高校组织应对危机的能力。

在现代组织生活中，组织是人们按照一定的目的、任务和形式建立起来的社会群体。高校作为现代组织，是具有明确目标导向、精心设计结构、有意识协调活动以及与外部环境保持密切联系的综合系统。现实社会中的组织是具体且多样的，它包含诸多组织要素，并能将这些要素有效地组合起来。这种确保组织的现实性的组合方式就是组织方式。在各种组织发展过程中，不管是纵向层面还是横向层面，整体层面还是局部层面，不同系统之间的互动还是一个系统内部各子系统之间的互动，均是组织方式创新的关键，作为正式组织的高校也不例外。美国现代管理学之父彼得·德鲁克（P. Drucker）最早从组织层面对创新的概念进行了界定，认为创新是组织赋予资源创造新财富的能力。[1]西方学者一开始将组织创新划分为管理创新和技术创新[2]，后来又将其划分为产品创新、过程创新和管理创新。[3]创新的主要作用就是帮助组织适应外部环境并且做出有效回应，而且这种作用在改善组织绩效方面越来越突出。因此，在复杂多变、竞争激烈的环境中，组织为了在竞争中突围并保持可持续性发展，就必须推动组织的变革创新。在我国高等学校内涵式发展目标的情境下，组织创新是高校更新与转变组织机制和发展方式、形成和保持竞争优势的迫切需要与必要

---

[1] Drucker P F. Innovation and Entrepreneurship: Practice and Principles [M]. New York: Harper and Row, 1985: 27.

[2] Damanpour F, Szabat K A, Evan W M. The relationship between types of innovation and organizational performance [J]. Journal of Management Studies, 1989, 26 (6): 587-601.

[3] Perri B. Innovation by nonprofit organizations: Policy and research issues [J]. Nonprofit Management and Leadership, 1993, 3 (4): 397-414.

途径。①高校治理能力是高校制度和治理体系的执行能力,治理能力的发挥要以治理体系为依托。推进高校治理体系和治理能力建设,就必须进一步创新组织方式、完善组织体系和健全运行机制,不断提升治理能力和治理效果。②

现阶段,在以优化高校治理体系为目标的组织变革中,组织方式的创新变得尤为重要和紧迫。首先,顶层设计与基层创新互动融合。政府、高校、社会各方应该把握顶层设计与基层创新在高校治理中的统一性,在推动高校组织运行过程中更加注重发挥二者互动结合所产生的作用。在国家层面,应不断优化高等教育法律制度的顶层设计,规范高校与政府及社会的关系,明确政府、社会与学校在高校治理中的权责尺度,构建高校外部治理结构的基本框架。与此同时,高校应通过制定学校章程及校内制度规则,有效回应顶层设计安排,并努力促使创新性与实践性经验和做法固定为制度安排,促进基层创新实践与顶层设计之间良性互动。其次,全系统动员与子系统创新应对彼此补充。高校治理中的全系统动员是指将高校组织诸要素、单元、子系统高度融合为一个有机整体,从而发挥高校组织最佳效能的整体动员。高校组织的子系统创新应对是指通过在局部领域率先取得创新突破,从而促进整个系统提质增效,以应对诸多治理难题。高校应以组织功能为导向,以综合集成为手段,构建将各业务功能模块连为一体的结构系统,实现高校系统潜力的优化配置与高效转化,最大限度地发挥高校系统动员的增效作用。高校各层级治理决策及信息能够快速、精确地传递,确保各主体准确获取决策信息及各类需求以更好地做出应对,实现供需双方之间的精准对接。高校治理在强调全系统动员的同时,从高校利益相关组织维度出发,进一步减少主系统与子系统之间的层级,实行扁平化管理,充分发挥子系统的作用,突出子系统之间横向关联的协同设计,进一步提升信息传递的有效性、精准性,确保各项政策有序衔接、形成合力,实现"1+1>2"的效果。最后,高校决策层与执行层之间相互融通。在高等教育领域,诸多由上层主导的改革受阻,其原因之一就是内部组织未能有效地动员起来,改革缺乏应有的支持。在一个"头轻脚重"的系统中,基层组织是落实政

---

① 吴泽俊,杨铖,胡杨成. 变革型领导、组织创新对高校组织绩效的影响[J]. 重庆大学学报(社会科学版),2015(6):227-233.
② 推进中国特色高校治理体系与治理能力现代化[EB/OL].(2019-12-17)[2022-04-03]. https://k.sina.com.cn/article_3881380517_e7592aa502000rx8h.html.

策和推动改革的主要力量。[①]高校组织体系的高效运行，依赖于高校组织决策与执行之间相互融通与支持，这种相互融通和支持有利于高校治理目标与任务向职能部门、院系、学科、专业等方向快速传导与渗透。高校应进一步优化高校的政治领导、办学决策、行政事务、民主监督等机构，创新各领域、各类型部门与人员的互通、互信、互动机制，以建立学科制管理模式为抓手，利用学科纵向"行政流"畅通、横向"学术流"活跃的特性，加强高校组织决策层与执行层之间的联动。此外，遵循高校组织特点，重点以加强二级学院治理为基础推进高校治理，进一步明确基层学术组织事权，赋予其相应的人事、财政等资源配置权，建立学校与基层学术组织间的资源分配协商机制。[②]

二、推进以提质增效为基点的高校内部服务创新

随着高等教育普及化阶段的竞争日益激烈，高校必须以服务的理念打造其品牌和培养毕业生。毕业生的社会地位与高校品牌之间的良性互动共生，关乎高校的未来发展。可以说，在高等教育竞争激烈的背景下，创新高校内部服务是提升学校竞争力、强化学校相对优势的新着力点。当前，高校的内部服务在面向其利益相关者时，亟须在理念、重心和方式等层面做出根本性变革。一是在服务理念层面，在科层制行政管理体系的影响下，高校系统强调上下级的管理关系和服务管理化的逻辑，要求各层级清楚地了解自己在系统内所处的位置并顺应系统的运行规则，导致高校服务意识理念与高校治理视域的服务内涵要求之间存在落差。有的高校服务带有"供给性"的特征，内部服务的出发点不是为了全面满足师生的教学、科研服务需求，缺乏对利益相关主体需求的了解，这种服务理念已与治理时代的要求不相称，难以真正充分满足师生的诉求。二是在服务重心层面，以学校本位与权力本位建构的"供给-接受"模式的服务，时有服务"管理化"现象。治理时代，更加强调"管理就是服务"的观念，但有的高校内部服务追求覆盖面，不同群体的特色不够突出，师生的选择空间小、参与度不高；服务的管理倾向仍然较重，一些服务批量办理、规定时段开放的情况依然存在，缺少人本性与人文性，人性化的服务体验不强。三是

---

① 伯顿·R. 克拉克. 高等教育系统——学术组织的跨国研究［M］. 王承绪，徐辉，殷企平，等译. 杭州：杭州大学出版社，1994：37.
② 朱家德. 大学治理现代化的困境与超越［J］. 高校教育管理，2017（5）：30-37.

在服务方式层面，近年来，有的高校内部服务内容与范围发生了重大变化，内部服务趋于多元化、复杂化，并且利益相关者的主体意识、维权意识增强，利益诉求增多，"供给-接受"模式面临巨大的挑战。实际上，"供给-接受"模式遵循的是有什么就给什么，而不是利益相关主体需要什么就给什么，或者创造条件给什么。显然，"供给导向"的服务模式是服务的被动供给，已滞后于内部服务的时代诉求，未能从为了师生、服务师生、成全师生的视角提供高质量的教育服务。

高等教育服务包括外部服务和内部服务。高校内部服务主要服务于师生和学校发展，必须围绕师生和学校发展的需求进行。与此同时，政府、企事业单位、学生及其他社会群体是选择高等教育服务的"顾客"，其中学生是高校的直接服务对象，学生接受教育的过程就是服务消费的过程。从严格意义上来说，学生可以按照自己的需求，自由选择高校提供的教学、学习资源等教育产品和服务。高校内部服务是学校人才培养、科学研究和社会服务功能发挥的重要保障，也是高校治理的关键内容和重要指征。高校作为内部服务的供应方，其能否快速适应需求，满足服务需求方——学生及教师的各种需要和预期要求，是衡量其教育质量和办学水平的重要标准。推动高校治理创新，必然要求高校内部服务变革创新。同时，加强以提质增效为基点的高校内部服务创新是高校治理回归人本性和公共性的必然要求，有利于推动高校内部治理更加关注学生的全面发展和体现人文关怀。毋庸讳言，高校内部服务的创新首要的就是推动服务理念的变革创新，通过打破固有的思维模式，确立更加开放、现代的服务理念，从而带动服务内容和服务形式的创新。在信息化、智能化时代背景下，内部服务更需要在服务方式、服务内容、服务载体上发生根本性变革。尤其是在公共卫生突发事件、重大经济危机等非常态事件偶发的情况下，传统的教育理念、教学方式、教学手段受到冲击，高校内部服务在挑战中开辟出了新的路径，甚至已被重新定义。显然，加快适应外部环境变化，正在成为高校推动内部服务创新的重要动因。

高校内部服务创新是一种结合内外部因素而做出选择的均衡结果。一所高校的生存与发展不仅需要一定的张力，更需要一定的动力。高校内部服务的供给侧与需求侧的主体都是人，人是高校保持生机、焕发活力的源泉。在"以人为本"导向的高校内部服务过程中，应以提质增效为基点，更加关注以师生为中心的服务创新。一是服务理念从"供给导向"转为"需求导向"。服务理念需要实现以权力为基础的供给导向到以权利为基础的需求导向的转变,在服务过程中确保高校利益相关者在维护自身利益方面具有相应的物质和制度基础,同时确保其获取高校发展目标等信息的渠道畅通,以帮助高校利益相关者知晓并理解高校服务的限度,从而适当调整自身对高校服务的合理预期。高校进一步强化师生为中心的服务理念,并以师生需求为导向,进一步丰富服务内容,创新服务方式,提升服务质量。此外,高校在回应其他利益相关者的现实诉求的同时,鼓励这些主体参与高校内部服务过程,通过提出意见建议和反馈服务体验等方式推动高校内部服务创新,共同塑造"需求导向"的高校内部服务模式。二是服务标准从"服务覆盖"转为"服务体验"。内部服务体验即师生对服务过程的整体检验,包括对内部服务场景的感知、与服务人员的交流、核心服务与附加服务的体验等诸多环节。内部服务体验强调内部服务以师生为中心,专注内部服务极致体验的特质,促使高校内部服务的功能效果从强调目的性转向突出体验,彰显出以高校内部服务体验满意度作为评价服务水平的内在尺度与价值内涵。[①]师生在体验过程中产生的情感会直接影响师生的满意度,因此,应充分感知和理解师生的意识、情感、认知、行为以及与之相应的偏好,以提升学生体验效果为目的打造新的服务范式;以提高师生满意度为牵引,通过内部服务内容的创新,创造出超出师生预期的功能性服务;针对师生差异性需求提供个性化的内部服务,在内部服务过程中加强与师生的沟通,使其在内部服务中获取积极情感体验。三是服务状态从"被动供给"转为"主动供给"。高校应直面师生服务需求的多样化,及时了解其他利益相关主体对内部服务的需求,实现"被动供给"服务模式向"主动供给"服务模式转变,主动向师生提供服务以提高他们对服务的满意度。同时,还应加快构建主动服务的网络平台和营造人本性的系统环境,精准分析高校利益相关主体需求,化被动服务为主动服务,形成自发、高效和持久的主动服务供给模式,为师生提供预防性的、及时的、高效的、增值的服务。

三、推进以赋能增能为取向的高校支撑手段创新

数字时代为高校治理变革提供了信息资源和技术优势。新时期,应加快促

---

① 曾茂林. 个性化教育技术服务具体人生命体验研究[J]. 中国电化教育,2017(3):82-87.

进互联网技术、互联网思维、互联网理念与高校治理深度融合,高位推动以赋能增能为取向的支撑手段创新势在必行。实践中,有的高校已经依托互联网信息技术手段构建起了具有交互式、多功能、人性化、便捷性、高效率特点的校园服务系统[1],比如一站式"智慧校园"网络平台和"云脉人脸识别系统"。这些技术应用体现了高校运用信息技术促进自我发展的治理思维,但这与技术对教育的赋能增能的要求还存在一定差距。高等教育资源公共服务平台重硬件建设、轻软件质量,共享的数字教育资源占比偏低,对高校人才培养、科学研究和社会服务等根本任务的支持不足和资源不够等问题依然突出,极大地影响了信息时代人工智能、大数据分析等技术对高校治理变革的重要支撑作用。一是从价值层面看,信息技术在高校治理环境中无处不在,为教育教学融合发展提供了最佳条件。但是,支撑高校治理创新的信息技术手段不应裹挟教育服务规律与挤压高校治理实践,始终不偏离教育本质的教育与技术的深度融合才是人工智能、大数据分析背景下高校治理创新的根本方向。[2]实践中的信息技术应用理念难以适应新时代高质量教育服务的诉求,仍然存在"数量至上""技术至上"等粗放思维,对于技术赋能教育本身的重视不足,在信息技术系统功能的实用性、有效性及系统间的兼容性优化升级和提升教育服务价值上重视不够,比如,高校"政务型"信息化平台建设普遍,而具有民主、互动和多向度功能的交互式信息化平台鲜见[3],这在一定程度上导致高校利益相关主体参与治理的主动性偏低,整体上导致高校治理体系的回应性、包容性和现代性不强。二是从安全层面看,资源共享与数据安全之间的矛盾和张力日益凸显,大数据时代数据收集的科学性、规范性和个人隐私信息保护等备受关注。在人工智能、大数据技术迅速发展的背景下,数据与网络安全防护的建构速度难以跟上网络攻击频次的提高速度,高校管理人员的安全意识不强及违规操作行为则会直接影响对数据信息系统安全性的实时监测、监控和报告。三是从共享层面看,与企业或其他行业相比,网络信息技术在高校的应用还存在一定的迟滞,尤其是在

---

[1] 周南平,贾佳. 大数据背景下的高校信息化建设路径研究[J]. 中国电化教育,2018(9):75-80.

[2] 曹培杰. 未来学校的变革路径——"互联网+教育"的定位与持续发展[J]. 教育研究,2016(10):46-51.

[3] 华起. 构建新时代高校内部治理体系[N]. 中国教育报,2018-05-17(006).

第四章 高等院校规划统筹与战略塑造

推动高校治理体系建设方面，还存在资源独享及信息孤岛现象。高校的教学、科研部门基于工作需要在多大程度上分享管理部门获取的数据资源？教育教学质量监控部门掌控的大量学生教学质量评价数据如何在教学单位之间共享？高校如何与政府、社会和其他高校等组织共享内部的数据资源？基于高校外部其他组织在合作中获取的高校数据资源，其合法合理利用的界限在哪里？上述问题均未能得到很好的解决。尤其是在开放教育资源普及以及慕课兴起的背景下发生重大经济危机等非常态事件时，高校资源共享、协同应对的制度机制不足的问题会更加突出。

《中国教育现代化 2035》提出要加快信息化时代教育变革，推动教育组织形式和管理模式的变革创新，以信息化推进教育现代化。[①]在教育信息化 2.0 时代，人工智能、5G 通信、工业互联网等新兴技术在高校治理中的基础性支撑作用愈加明显，基于新兴技术创新高校治理和教育服务的趋势不可逆转[②]，疫情防控背景下世界范围内信息技术助力高等教育在线治理是一个最明显的例证。新时期，大数据、云计算、人工智能等现代科技手段帮助高校在更深层次上与社会化信息平台、个人信息终端形成紧密联系与对接，加快推动高校迈入技术治理的新阶段。一方面，在高校内部治理中，以信息化、网络化、智能化为牵引，打造全新的信息传递和交互网络。以云计算、人工智能为核心的大数据处理中心，可以实现数据从条块分割、孤岛林立向条块融合、综合分析转变，推动治理方式从"多头管理、分散弱小"向"统一指挥、力量综合、多方共治"转变，从而助推高校治理从被动应对向主动处置转变，实现真正意义上的高校智慧化，全面提升高校治理的效能。另一方面，在高校的外部治理中，大数据比对、云计算、人工智能算法等现代科技手段从信息化、数字化迈向智能化、智慧化，助推政府、高校、社会等有机结合，形成一个生态治理系统，可以全面提升高校治理的公开性和透明度，让高校治理的利益相关主体更好地监督高

---

① 教育部. 绘制新时代加快推进教育现代化建设教育强国的宏伟蓝图——教育部负责人就《中国教育现代化 2035》和《加快推进教育现代化实施方案（2018—2022 年）》答记者问［EB/OL］.（2019-02-23）［2022-12-29］. http://www.moe.gov.cn/jyb_xwfb/s271/201902/t20190223_370865.html.

② 周海涛. 加强教育治理理论建设的目标和责任［J］. 国家教育行政学院学报，2020（1）：3-4.

校行政权和学术权力行使，促进技术支撑背景下的高校在不断与外部的深度互动中持续深化治理创新。当然，我们在依赖信息技术的同时，也应清醒地意识到信息技术仅仅是高校治理的支撑手段，而不应成为颠覆传统教育的工具。信息技术助力高校治理，尽管充分运用技术，但关键不在于技术本身，而是取决于运用技术的人。因此，在推进高校治理现代化的过程中，我们要避免过于强调技术应用而忽略教育治理的本质，确保技术的应用服务于教育治理的目标，避免陷入新技术试验场的困局。

创新是技术与高校治理创新融合的原动力，不断地深化教育与技术的融合发展是促进创新的重要措施。加快推进高校治理中以赋能增能为目标的支撑手段创新，并非单纯引入某种新产品、新服务和新技术，而是以技术为主要支撑手段，创建与之相匹配并能产生有效协同作用的教育服务模式。[①]一是技术升级与价值赋能相融合。信息时代背景下，信息技术创新升级成为教育变革与创新的驱动力，有效支撑着高校治理融合创新发展。高校治理水平与治理能力的提升，应以高校信息技术升级为抓手，推动高校治理赋能增能，应着眼于推进信息技术与教育教学的深度融合，充分发挥互联网信息技术在高校的教学、学习、管理、评价和考核等方面的积极作用，加快教育交互系统、知识建模、学习者建模与学习分析、系统化高校治理等方面的技术升级；着眼于高校服务生态系统转型升级，推进共性技术和关键技术的突破与创新，为高校治理提供新模式和新方案；着眼于大学生个性化学习与高校规模化教育，运用人工智能平台和基于数据的学习分析等关键技术，提升在线教育服务的实效与应用，重塑高校的服务理念、组织方式、技术应用，助力形成人人皆学、处处能学、时时可学的新型教育生态。二是数据开放与数据安全相兼顾。大数据分析技术在高校的应用为高校内部治理带来了新活力，在追求数据开放与共享的同时必须确保数据安全。高校在数据开放方面，宜推动实施大数据系统化、规范化管理，利用技术为数据传输提供全程保护，确保数据在不同系统中安全共享；在数据保护方面，宜推进统一化数据技术保障系统建设，创新应对海量数据的动态变化、多元化数据融合的隐私保护技术；在网络安全方面，探索建立基于大数据的高校校园网络系统安全预警机制及大数据使用管理保障机制，明确大数据采

---

① 王战军，肖红缨. 大数据背景下的院系治理现代化［J］. 高等教育研究，2016（3）：21-27，38.

集和使用的原则,制定严格、规范的数据采集、储存、处理、共享及应用规则,确保网络数据在运行各环节符合安全标准。[①]三是资源共享与协同共治相促进。高校治理必须遵循资源共享与协同共治的逻辑,通过实现高校利益相关主体资源共享来谋求全主体协同共治,并通过共治实现高校办学资源的增长与共享。一方面,高校要注重保持和发挥独有优势,在向高校内外部利益相关主体提供资源的同时,获取其他相关资源,持续充实与完善自身的资源体系,并在资源输出与吸纳的过程中形成利益相关主体之间的良性互动,实现高校资源共享之下的协同共治;另一方面,政府、高校和社会协同构建共享共治机制,在保障主体资源共享的基础上,引导、鼓励、组织高校利益相关主体共同参与高校治理,形成协同共治的合力。[②]

---

① 周南平,贾佳. 大数据背景下的高校信息化建设路径研究 [J]. 中国电化教育,2018（9）: 75-80.

② 周海涛,刘永林. 高校治理创新的实践路径探析 [J]. 厦门大学学报（哲学社会科学版）, 2021（1）: 115-121.

第五章
高等院校能力建设与行为变革

能力建设是团队或个体提升自身能力的工作,行为变革是能力建设的具体措施。高等院校能力建设与行为变革,主要体现在强化本科教学质量保障能力建设、优化学科建设路径、提升内部治理能力水平等方面。

第一节　强化本科教学质量保障能力建设

新时代，随着我国高等教育全面步入内涵式发展阶段，关注本科教学质量、完善质量保障机制、重塑教育质量文化成为重要而紧迫的任务。高等学校突破高质量发展瓶颈、创新发展模式、加快发展步伐，尤其需要聚焦于本科教学质量保障机制，致力于改善保障方式、健全保障体系、提升保障能力。深入分析当前我国本科教学质量保障机制存在的突出问题、探讨优化路径，对于加快一流本科教育与"双一流"建设进程具有直接的参考价值。

一、持续优化教学质量标准

近年来，尽管我国十分重视本科教学，并在本科教学改革和质量保障工作上取得了显著成就，但仍然存在一些突出的问题。

教学质量标准是教学应达到的目标，是为衡量教学质量而制定的具体明确的标准，反映了一定时期内对学校教学质量的期许和要求。在教学质量保障体系中，质量标准发挥着基础性和关键性作用，是质量保障的价值起点和终极目标。科学的质量标准是有效监测、评估、保障教学质量的基础。当前，一些高校质量标准建设不科学，与教学改革实践不完全适应。

第一，有的标准制定主体参与不够，教学质量标准制定主体与教学实施主体不统一。我国高校教学质量标准建设，或从国家的本科教学质量评估或专业认证指标体系修订而来，或由高校组织相关领域的专家学者研究制定。尽管这些方式的效率较高、内容全面、重点突出，但这种由管理者或专家学者主导制定的质量标准，制定过程缺乏教育教学一线教师的广泛参与，致使广大一线教师难以全面、准确地把握教学质量标准，也难以有效地将其用于指导教学实践，弱化了质量标准对改善教学活动的指导功能。

第二，有的标准内容重点缺失，"以教师为中心"的质量标准与"以学生为中心"的教学改革不适应，多关注"教"而忽视了"学"。学生是学校教育的核心利益相关者，"以学生为中心"是当前学校教育教学改革的共性趋势。[1]当

---

[1] 李庆丰，胡万山. 以学生发展为中心：教育综合改革的新视角[J]. 当代教育科学，2015（22）：3-6.

第五章 高等院校能力建设与行为变革

前,由于我国高校的教学质量标准多由国家教学评估指标修订而来,在教学质量标准中多关注学校的办学定位、办学资源、办学条件,教师的课程建设、教学质量、学生指导等状况,较少关注学生的学习成果、身心发展状况,使得质量标准建设与教学改革不相适应。

第三,有的标准实践执行不足,统一的质量标准与多样的教学形态不适应,教学实践改进的指导作用有限。教学质量标准是教学质量保障工作的基本遵循,但具体教学实践的多样化形态,使学校统一的质量标准难以适应。从学生情况看,不同学生群体的学习特征、规律存在差异,不同个体的知识基础也有所不同;从教学内容来看,不同学科、专业、年级的教学内容存在显著差异,要达到的预期教学目标也有所不同;从教学情境来看,教学情境是多变的,教师难以做出全面、准确的预期安排,需要根据具体情境做出相应的安排。

针对上述问题,高校应强化质量标准建设,增强精准性、适应性、指导性。

首先,建立多元主体参与学校教学质量标准建设的体制机制。扭转教育管理者在标准建设中话语权较大的状况,推动课堂教学从"一言堂"转为"满堂彩",建立由主抓教学副校长为核心,各学科专业带头人、教育理论专家、教学一线教师为重点,教务处、各二级教学单位教务部门广泛参与的学校教学质量标准建设小组,在认真、全面、深入学习《普通高等学校本科专业类教学质量国家标准》的基础上,在全校范围内开展调研活动,根据学校教学的实际情况,制定更加契合校情、教情、学情的教学质量标准。

其次,努力搭建"以学生为中心、产出为导向、持续改进为目标"的教学质量标准内容框架。高校应根据实际情况,将教学质量国家标准落细、落深、落实,坚持以学生为中心构建学校教学质量标准框架,关注学生学习、回应学生关切、服务学生发展、促进学生成长,将学生诉求作为评价教学质量标准的主要依据;坚持以学生的学习成果评估为核心,关注学生在参与教学活动后知识、技能、情感、态度、价值观等方面的发展和成长;坚持以构建持续改进的内部教学质量保障体系为主要目标,将定期检查与常态监测紧密结合,促进及时评价、及时反馈、及时改进,不断改善学校教育教学活动,提高教学质量。

最后,质量标准建设要坚持原则性与灵活性的统一,既要牢树"兜底线、保合格"意识,明确教学质量标准要求,又要坚持"有弹性、留空间"的理念,使质量标准"刚柔并济",为教师教学实践留下一定的创生空间,使标准更加贴合教学实际。

二、提升实践教学的质量效能

强化实践教学环节质量监管与保障，是完善教学质量保障机制、推进人才培养模式创新、提高人才培养质量的关键一环。当前，有的高校本科实践教学质量监管面临一些困境。

第一，在认识上，有的实践教学环节未受到充分重视。尽管高校教学质量标准中涉及了对实践教学环节的监管，但在具体操作上仍未受到充分重视。一方面，从实践教学质量标准设计看，尽管学校都将实践教学环节细化，但监控的内容多是实践教学环节的课时数、资源条件保障、教师指导考核等，并未突出对实践教学效果的监控；另一方面，从监管实践看，受我国学校教育重理论轻实践、重科研轻转化思想的影响，质量监控人员往往较多关注理论教学状况及成效，而对实践教学环节的质量关注较少。

第二，在制度上，有的实践教学环节缺乏完整的质量保障制度设计。首先，缺乏明确的监管目标。有的高校实践教学质量标准多关注实践教学的"硬"要素等，但未明确实践教学质量要达到的目标要求。其次，监管方法设计不科学。实践教学监控多采用学生评教、专家领导听课、教学督导、专项检查等理论教学质量监控方式，这些方式难以考查学生的动手能力、实践能力、创新能力。最后，反馈调控机制难以发挥实效。实践教学质量监控信息反馈，难以像理论教学监控反馈的信息那样将每个环节都具体化到点上，反馈信息的典型性、针对性、明确性较弱，导致后续的调控工作难以发挥实效。

第三，在执行上，有的实践教学环节质量监控落实不到位。首先，实践教学环节较多，质量监控任务繁重。相较于理论教学，实践教学环节更为多样、内容更为复杂、影响因素也更为广泛，不同类别的实践教学要求不同，使得监控难度也相对较大。其次，实践教学监控方法不匹配。实践教学监控主要沿袭理论教学的模式，这显然难以适应实践教学环节众多、教学方式复杂的实际情况。最后，实践教学质量监控人员不足，专业素质有待提高。高校教学质量监控人员多为退休教师、院校领导等，面对纷繁复杂的实践教学环节，监控队伍力量显得十分薄弱；实践教学监控是一项专业性工作，评估专家虽有深厚的理论知识和丰富的理论教学经验，但相对缺乏实践教学理论知识与经验。①

针对上述问题，高校应加强实践教学监管，提高实践教学质量监管效能。

首先，提高认识站位，充分重视实践教学对立德树人的重要价值。大力加强教学督导员培训工作，突出强调实践教学的重要价值，促使其将实践教学作为督导的重要环节；全面推进教师思想教育工作，广泛统一思想、凝聚共识、集聚力量，使教师正确认识实践教学环节的重要价值，深入推进实践教学改革创新。

其次，加强制度建设，建立健全实践教学监控制度机制。加强统筹规划、完善制度设计，将实践教学环节纳入教学质量监控体系，并做出完善的制度安排，明确实践教学监控目标、科学设计监控方案、正确选择监控方法，适当提升实践教学监控评分在总体评分中的比例；大力推进将实践教学纳入专业人才培养方案，以完善实践教学监控机制带动实践教学体系和人才培养模式的创新。

最后，强化过程监控，形成多元主体参与的实践教学监控体系。推进建立二级学院、实践基地、教师、学生等多元主体参与的实践教学监控体系，实行实践教学质量监控责任制，明确各主体的监控责任，构建责任分化与质量监控相统一的体制机制；明确、细化实践教学的关键要素和主要环节，促使不同主体对实践教学全过程开展跟踪式监控，全面把握实践教学的基本状况和主要问题；以实践教学监控为抓手，促进各方不断完善实践教学奖惩机制，加大政策支持力度，健全服务体系，为教师全面落实实践教学质量标准提供保障，推动实践教学改革创新，提高监控实效。

三、提高教学数据利用水平

认真采集、有效利用教学状态数据，可以促进高校自查教学基本情况、发现教学实践问题、主动开展教学改革、完善内部教学质量保障体系。当前，一些高校在教学基本状态数据利用上存在较大偏差。

第一，有的对教学基本状态数据采集的认识存在偏差，数据采集多出于"评估"外的推力。长期以来，部分高校对教学基本状态数据采集工作重要性的

---

① 郭瑾莉. 论地方高等院校实践教学质量监控的困境与出路[J]. 前沿, 2012 (5): 157-158.

认识不够，其数据采集多出于"迎评"的外部压力，而非积极主动的内在行为。这在实践中导致了一些问题，一方面，对数据收集的人力、物力投入不足，数据收集人员数量不足、消极怠工、专业素养跟不上，难以有效对基本状态数据开展全面、准确、深入的调研，也未能科学地对数据进行系统分析；另一方面，部分学校为了应对外部评估，要求和组织师生补做试卷、论文，甚至编造虚假文件和数据，尽管国家一再强调"严肃评估纪律，杜绝弄虚作假"，但这种现象仍未杜绝。

第二，有的对数据采集重结果而轻过程，相对忽视了数据收集的管理和发展功能。首先，以"应付检查"的心态开展数据收集工作。由于认识和重视程度不够，部分高校将教学基本状态数据收集视为一项行政性工作，往往只关注数据收集结果和任务完成情况。其次，数据收集队伍建设力度不够。高校教学状态数据收集工作队伍多由各职能部门及教学单位原有的工作人员构成，这些人员由于缺乏数据收集的知识技能、专业素养，在实践中往往以完成任务为目标，未对数据做深入分析。最后，对数据的利用程度不够。对于部分高校而言，收集数据的价值仅在于"迎评"，较少关注数据所揭示的问题，数据收集过程对于学校宏观发展、管理服务、教育教学、学生指导等的管理与发展功能重视不够。

第三，有的数据采集过程对理顺学校内部各主体关系的作用未得到充分发挥。在数据采集工作中，学校管理层应促进学校内部各部门密切配合、协同推进，能够使其各行其是、各履其责，明确各部门的主要职责，理顺相互关系，推进各部门携手合作、协同创新。然而，在我国部分高校的数据采集工作中，这一作用未得到充分发挥。一方面，高校往往将数据采集作为一项行政任务分配到各职能部处，各二级单位也多仅在职责范围内行事，较少与其他部门协同合作；另一方面，即使部分数据的收集需要多个单位合作，但由于缺乏统筹安排与完善的合作机制，各单位仍呈现出"单兵作战"的状况。

针对上述问题，高校要深耕教学状态数据，发掘数据收集的发展改进功能。

首先，正确认识教学状态数据收集的重要价值。正确认识教学状态数据收集对明确教学条件、把握教学状态、研判教学问题的重要价值，变"要我收集"为"我要收集"；促进成立由各相关部门工作人员组成的教学状态数据收集小组，加强技能培训，不断提升工作人员的专业素养；加强制度建设和统筹规划，建立基本状态数据管理机制，促使数据收集工作常态化，严格数据收集过

第五章　高等院校能力建设与行为变革

程监控，坚决杜绝数据造假，提升数据质量。

其次，充分发掘教学状态数据收集的管理与发展功能。进一步加大教学状态数据收集的人力、物力、财力投入，设立状态数据分析与监测专项岗位，统筹全校数据收集与分析工作；明确制度要求，建立数据分析报告制度，推行主体责任制，促进教学状态数据收集与分析工作一体化；结合学校教改课题立项工作，设立教学状态数据分析专项课题，面向全校招标，集中优势力量在学校各个层面开展专项调研，准确把握现状、明确主要问题、探讨解决策略，优化学校办学的整体状态。

最后，重视通过数据收集理顺各主体间的关系。加强对数据收集工作的统筹协调，建立各二级单位数据收集的沟通、协商、合作机制，打破合作壁垒、打通合作渠道、打开合作格局；定期举行数据收集的协调、通报、反馈会议，明确主体责任、总结经验教训、推进协同创新；理顺学校内部各二级机构之间的关系，提升合作效能，聚力教育教学改革，不断提高学校的人才培养质量。

四、不断推进教学监控信息化

教学监控是一项十分复杂的工作，充分借助现代信息网络技术，不仅能够有效地节省人力、物力、财力，提高监管效率，而且能够及时反馈监控信息，改善教学活动。当前，一些高校的教学监控信息化水平亟待提高。

第一，有的监控理念滞后，信息化建设意识不强。当前，部分高校管理者简单地认为，教学质量监控信息化就是监控手段信息化，就是简单地建几个网站、购置一些设备，忽视了教学质量监控体系内部子系统的信息化建设。甚至还有高校将教学质量监控工作简单地理解为"巡巡课堂""查查试卷""做做测评""写写材料"等事务性工作，工作难度不大、技术要求不高，并不需要进行信息化建设。在这种情况下，一些高校对教学质量监控信息化建设的投入不足，将原本就有限的经费更多地投入到了校园基础设施和硬件资源建设上，致使教学质量监控信息化建设出现了参差不齐的状况。

第二，有的监控方式过时，效能低下。当前，一些高校教学质量监控手段依然比较传统，信息化、网络化、数字化程度较低。有的高校对教学监控信息化建设缺乏正确的认识，要么还没有相应的硬件设施，要么在设施的管理、使用、维护等方面仍比较滞后，更有部分学校管理人员的信息素养不高，致使学校教学信息的收集、反馈、整理、分析等环节还主要依靠传统方式进行，教学监控体系运行效率太低，难以为教学活动的改善提供必要和及时的支撑。

第三，有的监控体系落后，信息化程度不高。构建规范、科学、高效的教学质量监控体系，必须加强信息化建设。当前，一些高校教学监控体系建设明显滞后。一方面，教学监控体系关键环节建设不健全。教学监控体系是由信息收集、整理分析、决策执行、反馈改进等关键环节构成的有机整体，缺乏某一个或几个环节都会影响监控效能，但从一些高校教学监控体系现状来看，分析机制、反馈机制、改进机制都有待强化。另一方面，教学监控体系信息化程度不高。从实际状况看，有的高校由于数据收集整理分析不及时、分析决策反馈速度缓慢，致使教学监控体系运行的时效不强、效率不高，无法构成一个统一的整体，影响了教学活动改进的及时性。

针对上述问题，高校应推进信息网络建设，提升教学监控过程信息化水平。

首先，转变思想观念，牢树质量监控信息化意识。提升校领导的教学监控信息化认识水平，通过宣传教育和思想引导，提高各个层面教学管理人员对质量监控信息化建设的认识、了解、重视，通过引进具有较高信息素养的人才和加大专业培训等方式，提高教学监控队伍的信息获取、分析、处理能力，提升信息化水平；统筹规划全校的信息化建设工作，突出教学及教学监控信息化建设，划拨专项资金用于教学监控信息系统建设、运行、维护，为信息化建设提供保障。

其次，创新监控方式，提高教学质量监控效能。创新监控方式，在教学质量监控各个环节充分引入信息网络技术，推进教学质量监控信息系统建设，努力实现教学监控方式、资料储存方式、数据分析方式、结果反馈方式等的信息化、网络化，重视利用信息技术开展教学质量信息大数据分析，准确把握教学状况、明确教学问题；以全面管理理念为指导，善于借助信息手段对教学质量实施全员管理、全过程管理、全环节管理，实现全方位、立体化的质量监控，随时跟踪监测，及时反馈信息，全面提升监控效能。

最后，完善监控体系，构建适应信息化建设的监控体系。推进教学管理权力重心下移，构建以院系为核心的教学质量监控体系，扩大院系的教学和管理自主权，在院系层面成立教学管理中心负责日常教务，开展全程跟踪、实施教学评价、做好教学服务。

五、健全完善教学反馈改进机制

在本科教学质量保障体系中，教学监控反馈是学校获得专家专业意见、把握教学运行情况、明确实际问题的关键一环。当前，有些高校本科教学反馈改进机制跟不上时代的步伐。

第一，有的反馈信息内容不全、比较宏观，反馈与整改意见的可操作性不强。全面的反馈意见是准确把握学校教育教学状况的基础，从一些高校教学质量监控反馈的内容看，反馈信息还不够细化，实践的指导性还有待加强。部分高校过多关注教师课堂教学质量监控，相对忽视了课后学业指导等其他环节，且在信息反馈上常出现"只有收集，没有反馈"或"只有评分反馈，没有具体意见"等情况，提出反馈意见的部分也多仅立足于学校整体状况，从宏观角度对学校办学关键环节做出方向性的指导，很少细化到教学具体环节，质量监控反馈对于改善教学活动的指导作用有限。

第二，有的反馈及时性不够，对改进教学状况的时效性不强。一方面，教学质量监控还未常态化，多为事后监控。一些高校还未建立常态化的教学质量监控机制，学校教学监控多集中在每学年特定的时间段内，且质量监控工作持续时间不长，相对于学校教学活动来说，教学监控的时效性不强。另一方面，教学质量监控反馈的及时性不强。一些高校教学监控信息反馈多以座谈会的方式进行，或将学校督导组的督导信息每月汇总后，通过评估中心或教务处下达到各二级教学单位，针对教师在教学中存在的问题提出整改措施，这些传统的方式影响了教学质量监控的时效，难以促进教师及时改进教学状况。

第三，有的教学改进的持续跟踪监督机制不健全，未能有效落实反馈意见。多数高校教学督导意见反馈后，并未对教师教学改进状况做持续的跟踪调查，反馈意见是否落实、教学状况是否改善都不得而知。有的高校还未健全完善教学改进监督机制，在实践中多通过教师或学生信息员提交的整改报告了解教学改进情况，并没有固定的制度安排。有的高校的教学改进奖惩机制不健全，教学改进或没有明确的奖惩措施，或因执行不严而使奖惩流于形式，影响了教学监控的效能。

针对上述问题，高校应完善反馈改进机制，畅通本科教学质量保障"最后一公里"。

首先，充分重视教学质量保障信息反馈环节，增强反馈信息的全面性、针对性、操作性。严格执行教学质量监控流程和实施办法,明确教学质量监控反馈的责任要求,督促学校教学督导组在立足于系统调研、全程监控、深入研究的基础上,为学校改进教育教学工作提出有针对性的整改建议;突出教师课堂教学质量监控信息反馈,结合教师的课堂教学实际,针对教学关键环节存在的主要问题,为教师改善教学活动提出可行的建议。

其次,改善质量保障信息反馈方式,强化反馈时效。在常规教学质量监控工作中倡导现场反馈,鼓励和支持教学督导组在日常教学质量监控中一旦发现问题及时反馈,建立督导组与教学相关责任人随时"约谈"制度,促进双方及时把握教学问题、探讨解决策略;借助网络信息平台及时反馈监控信息,畅通信息沟通渠道,提高反馈时效。

最后,完善教学改进跟踪监督机制,落实质量监控目标要求。实施课程责任制,落实院系的教师教学改进监督职责,建立教学质量改进持续跟踪与评价机制,对教师教学改进情况开展持续监督,督促教师全面落实教学监控信息反馈意见;建立健全教师教学改进奖惩机制,将教学改进状况与教师职称评定、绩效评估、奖项申报等挂钩,充分调动教师改进教学的能动性、积极性;进一步完善教师发展引导和支持机制,在督促教师专注改进教学活动的同时,促进教师主动提升教学素养和专业能力,为促进教学质量的持续提升打下坚实基础。①

✮ 第二节 优化学科建设路径

学科建设是实现高等教育现代化、建设高等教育强国、提升高等教育质量和人才培养质量的重要举措。锚定 2035 年建成教育强国、人才强国的目标,深入推进"质量革命",我国高等教育正由高速规模化发展转向高质量内涵式发展。立足于建设高等教育高质量发展体系,学科建设也正经历从理论到意涵再到方法的全面深化。从历史看,学科聚焦于相应领域和行业的专业化实践,形成了比较垂直而系统的学科化理论体系。随着各学科与社会一体同构进程的深入,学科知识在知识信息中的比例逐渐降低,内涵更广的知识信息兴起为新的

---

① 周海涛,胡万山. 本科教学质量保障的突出问题及优化路径 [J]. 法学教育研究,2019 (3):125-136.

第五章 高等院校能力建设与行为变革

理论范畴,得益于数智化赋能的知识社会正在形成。同时,加速的智能技术革命正在为人类社会知识传播与交往创造着无限可能,为处于知识社会的人们提供了更多元化的生活空间和更个性化的生存方式。数字技术革命不断重构人类社会的知识生态,全球互联互通,从线下向线上线下融合转化。已有的学科建设难以有效回应当下和未来信息社会和知识生态提出的新问题、新挑战,学科建设迫切需要进行"时代性""前沿式"的重塑。

一、推动多方主体共生同构

从本体论来看,高等教育作为准公共产品的特色之一,就是关系主体的多样化,学科建设也显然不是孤立的"此在"。学科产生、存在和发展的终极本质,不仅是科学知识体系的分类,更是对当前行业发展社会的历史性关照和未来社会发展现实的情境性预见。学科的"共在"特性更为突出,更为依赖多方主体的共生同构、协同发展。

(一)学科主体结构性变革的时代内涵

迈克尔·富兰(M. Fullan)在《教育变革的新意义》(The New Meaning of Educational Change)中指出,教育改革不是个人的独角戏,而是许多人参与的集体行动。[①]面对高等教育产教融合、校社融合、师生融合的时代诉求,学科建设越来越无法由学校、教师、学生某一方单独完成,已有主体在发挥自身作用的同时,亟待拓展边界、健全一体同构体系。因此,优化现代学科建设主体的构成至关重要。这要求我们在国家统筹、党委和政府领导、高校负责、社会协同等多个方面进行综合优化,形成多方共建的现代学科建设主体结构。

第一,优化专业结构,动态更新学科专业指南。强化政府负责、教育部门建设工作组推动、高校担负主体责任、产业社会积极参与的共建机制,形成多元协同的治理格局。加快研制专业设置指南,充分论证学科专业目录征求意见稿,适时出台并指导高校调整优化。合力支持国家急需紧缺、高校学科优势突出、行业特色鲜明相结合的专业,增列发布急需学科专业清单。"新工科""新医科"应该更突出"四个面向",着眼科技自立自强开设新专业。

---

① 迈克尔·富兰. 教育变革的新意义[M]. 武云斐,译. 上海:华东师范大学出版社,2010:4-8.

第二，深化组织合作，探索建立多样化模式。加大产业协同和校企合作深度，邀请企业家担任共享型实习基地的实践指导教师，深入实施产教融合项目。加强与高新科技企业的合作，联建合作式实验室项目、联合创新中心，组建由高校研究者、教师、企业家及技术人员组成的高水平教学科研队伍，形成技术研究、产品开发合力。

第三，强化培养创新，统筹部署人才培养改革。以组织创新带动人才培养模式全方位、深层次的变革。指导督促共建协议落地，将科学研究、课程教育和实习实践密切结合，深入实施"基础学科拔尖学生培养计划 2.0""科教结合协同育人行动计划"，加快培养复合应用型、实用技能型、拔尖创新型人才。构建教师实验研究、学生技能提升、企业产品开发的多方共赢新局面。

（二）学科主体参与的现状特点

实现政府、高校、企业、科研机构、社会组织等多元主体参与，从优化主体结构入手促进协同发展，已成为当前学科建设的重要内容。

一是多方主体共建格局逐步形成，共治深度可再加强。多主体合作有助于汇聚多方力量，形成学科建设的长效机制。各主体吸纳多方参与学科专业优化论证，推进各方掌握高精尖缺学科领域短板及需求。尤其是学科建设经费保障，已基本形成多元助力的投入机制，来自政府、高校、合作企业、公益组织的多种经费保障了学科建设的基本条件。同时，有的高校在具体建设环节、专业设置、结构优化上的治理有待加强。

二是多方主体联席机制逐步建立，联建程度可再强化。目前，主体间的联席交流会议、合作实践基地等多种形式的联席机制不断完善，尤其是在"新工科""新农科"建设中，国内外不同建设主体间合成战略联盟、合作工程项目、合建实践基地已十分普遍。然而，有的高校在队伍联建、工时互认等实质性组织工作机制方面的协同联动有待强化。

三是人才培养网络体系逐步健全，协同育人可再深化。全员全过程全方位的"三全"育人体系不断健全，"五育并举"培养模式持续推进。多主体参与的培养网络渐趋扩大，逐渐着眼于学生的多元化能力，满足社会对人才的多向度需求。同时，有的资源整合、工学交替等促成协同育人模式落实的共赢机制有待完善。

（三）多方主体共生同构的路径

推进多方主体参与学科建设发展，以"协商""建构"为主要特征，强调多元利益相关者达成建设共识，汇聚改革合力，协同绘制发展蓝图。着重优化学科建设的主体参与结构，完善多主体协同机制，拓展学科建设宽度，提升人才培养质量。具体而言，有以下几个方面。

第一，健全教育督导制度，推进学科建设党政齐抓共管。着重督导党政在学科建设中履行职权责任、发挥领导作用、指导专业设置情况。开展党政教育履职行为及满意度调查，督促各级党委和政府高度重视学科建设，将学科建设工作纳入绩效考核。推进完善学科建设教育领导体制，充分发挥学科建设工作组的专业设置指导作用，统筹各方主体协作共进。

第二，完善行业企业产教研合作的联建机制，带动多方深度共融。着重深化企业参与校企合作、组建人才队伍、推进产教研用融合深度。对于在各学科急需紧缺领域人才互通、流动、渗透上贡献突出的企业，市级及以上政府给予荣誉表彰或适当的税收、水电燃气等配套政策优惠。助力打造扩大广度、加强深度的产教共融共生形态，促进多方主体同频共振。

第三，优化学科和企业合作育人的互惠方案，倒逼人才培养模式升级迭代。着重强调学科建设单位发挥主体责任、构建产教互惠体系、增强人才培养弹性。促使学科建设单位主动完善合作互惠制度，提高教师人才培育要求和学生实习实践学分占比，推进岗位教学、订单培养、工学交替、顶岗实习、定向就业，激发企业的参与热情。助推培养方案深层次变革，创新专业设置、教学方式、课堂形式，完善推广书院制、学分制、导师制"三制"。通过增强学科建设主体活力，带动多方共同发力。

二、实现高水平特色互依同一

学科建设的价值论彰显了学科建设与发展的根本目的在于协助建构更优化的生存发展环境，引领打造更具价值意义的"应然"社会或未来世界。正如弗莱克斯纳（A. Flexner）的《现代大学论》所指出的，大学必须经常给予社会一些虽非社会想要却为社会所需的东西。学科作为高校发展的基础，是高校的组织细胞和基本单元,是实现高校功能的主要载体①,以及高等教育高质量内涵式发展的基本支撑。学科建设要立足当前社会历史关系,预见社会发展的未来情境价值,不仅关注纵向维度的提升,也注重横向向度的延伸,实现学科建设"高水平特色发展"的互依共存、相辅相成。

(一)学科特色发展的时代内涵

为了应对多元化的内容生态和技术趋势,学科建设迫切需要确立新的价值基点,积极回应以内涵比拼和科技较量为主的新挑战,既要全面把握全球前沿、充分理解多元化的本质关系,也要深刻认识扎根本土的实践意义;凸显传统性与现代性相结合的时代性,域外性与本土性相结合的民族性,学理性与伦理性相结合的科学性,全面把握高水平特色一体发展的学科建设内涵。

第一,重构学科发展载体,以新型组织孕育学科优势。面向科技前沿,加快建设未来技术学院、现代产业学院、特色化示范性软件学院、储能学院;面向人民生命健康,加快探索建立高水平公共卫生学院、区域医学教育发展中心、中医临床教学培训示范中心。依循"新工科""新农科"的路径共识、行动路线、建设指南,要同步推进"三个一流"(一流本科、一流专业、一流人才)建设,助力学科建设以质图强的时代性发展。

第二,建立特色引导机制,以自身优势凝练特色发展。综合考虑本学科的生源特点、师资队伍、平台资源、发展历史等基础条件,客观分析人才培养、科学研究、社会服务、文化传承等职能水平,深入挖掘自身价值及独特优势。准确研判学科发展预期,着力打造学科优势,提高学科建设的国际竞争力、文化辨识度,助推学科特色的民族性发展。

第三,精细分类设置规划,以科学定位支持分类发展。《中国教育现代化2035》强调,分类建设一批世界一流高等学校,建立完善的高等学校分类发展政策体系,引导高等学校科学定位、特色发展。学科建设要围绕国家发展战略目标,依据经济社会发展大背景,科学规划契合学科发展实际的分类发展格局,分类推进、分类实施、分类评估,以完善的分类发展政策体系,引导学科分层发展,带动工农医紧缺人才分类培养,促进学科建设的科学发展。

---

① 黄宝印,林梦泉,陈燕. 新时代中国特色学科建设与评价的理论思考与实践探究[J]. 大学与学科,2020(1):154-162.

（二）学科特色建设的现状特点

据不完全统计，全世界有 30 多个国家正在实施卓越大学建设计划，涉及 2000 多个机构。[①]我国自 2015 年开始进行"双一流"建设，《统筹推进世界一流大学和一流学科建设总体方案》强调打造学科高峰，带动发挥优势、办出特色，即要求兼顾水平提高和特色强化。新时代的学科建设，已初步呈现出重点突出、特色凝练的发展趋势。

一是优势学科高质量发展，组织形态可再创新。突出重点学科建设是高校战略发展的普遍选择，对照评价指标借助"动态调整"来提高学科排名是常用举措。一些学科围绕"优势学科"凝练发展方向，通过积极合并"握紧拳头再出击"来提升学科建设质量。然而，简单的位序调整难以实现学科建设的模式重组，有的高校在创新多类型学科组织模式以催化高水平学科建设上的探索不够。

二是特色发展对标一流学科建设，自身的独特优势可再挖掘。对标一流大学发展趋势和一流学科建设实际，总结特色学科发展理论、指导特色学科建设实践的做法已较为普遍，学科建设成效初显。同时，高水平发展作为学科建设工作的已有追求，难以有效凝练多样化特色，发展优势学科与学科建设基础、自身特色的结合不足。

三是特色发展业已启动，分类发展可再推进。高标准学科建设引领本科振兴，对准高水平发展的一流学科择优发展特色，成为高校响应"十四五"时期高质量发展要求的通用措施。同时，一些不同地域、不同层次、不同基础的高校建设模式趋同，难以促进学科建设对社会经济、文化传承的服务重构，学科建设适应多维度产业升级转型需求、高等教育分层分类定位发展的规划不完善。

（三）学科特色互依同一的路径

学科建设应坚持以国家战略需求为导向、未来产业变革为杠杆，撬动学科建设提高质量水平、强化优势特色、优化分类发展；推进学科建设高水平特色

---

① 王传毅，杨力苈，杨佳乐. 德国大学"卓越计划"实施成效评价：基于 PSM-DID 方法［J］. 中国高教研究，2020（1）：5-11.

协同共进，完善顶层统筹，着眼属地特色，兼顾时代性、民族性、科学性，提升学科建设的整体质量，形成具有中国特色、世界水平的成熟学科体系。

第一，加快建好新型载体，深化结构变革对学科高水平发展的催化作用。着重提升组织建设水平、研究促进作用、人才培养成效。提高现代产业学院等新型特色组织的设立门槛及平台条件，有针对性地强化组织创新对科研成果数量和质量的双重增效作用，动态监测、持续跟踪，整体保障组织变革带来的质量递进效应。遴选优秀建设单位，使其发挥标杆和引领作用。

第二，深入挖掘学科发展特色，引导学科高质量、特色化发展。着重优化学科的条件契合、属地服务、文化价值。深入分析学科发展基础，使学科专业设置更适合自身的学科建设条件，更突出"全球架构""在地关怀"的独特价值，重点强化学科的独特性、辐射性、累积性。表彰高水平、特色突出并形成"品牌"的单位，辐射带动全国学科建设特色凝练。

第三，精准研判分层分类定位，促进学科战略性、科学化发展。着重明确学科的层次定位、类型选择、分类培养。助推学科更紧密地联系国家发展战略，更密切地对接区域经济发展，根据自身的特点精准定位学科建设层级、发展方向，以更加明确和针对性的方式服务于国家紧缺领域的人才培养，促进区域行业的持续发展，以及满足民族文化传承与创新的需求，从而形成清晰且多元化的人才培养分类体系。

三、促进跨界交叉范式融合创新

根据认识论的观点，认识学科必须从学科存在的社会历史性即学科发展实践出发。新中国成立以来，我国高校的学科专业设置经历了从专门化、行业化到综合化、多科化的变迁。克拉克·克尔在《大学的功用》(*The Uses of the University*)中指出，现代大学是一种"多元的"机构，有若干目标而不是一个目标，服务于许多市场和关注许多公众。[①]当前，社会行业的发展更加多元、多维、多学科、多向度、多层次，高校也不再是囿于围墙的"象牙塔"，而是越来越多、越来越密切地联系政治、经济、社会等实践。基于认识论基础寻找学科建设新的逻辑生长点，需要有序推进学科建设与发展交叉融合。

---

① 克拉克·克尔. 大学的功用 [M]. 陈学飞，译. 南昌：江西教育出版社，1993：96.

（一）学科跨界交叉的时代内涵

面对知识社会的庞大数据集和以量子计算为代表的新科技，已有的理工科研方法、人文社科科研方法受到了极大的挑战。研究范式的学科边界不再泾渭分明，研究方法的独立性不再显著。持续、自发地主动改进或整合创新研究方法，有助于拓展学科建设的范围与深度。因此，高校应积极促成学科场域的相融耦合、研究者惯习的视界融合，创新学科建设发展的思维模式和行为方式；全面推进平台、项目、专业发展三位一体，资源、方法、课程优化同步共进的学科建设模式。

第一，建立跨学科平台协作制度，加强教学科研资源跨界渗透。高校应建立跨学科学位工作委员会，助推教学科研跨学科协作；健全设施设备等硬件资源的共享共用管理制度，充分吸纳平台及周边高科技集群资源，如哈佛大学医学院的实验室轮转制（lab rotation）；改进教师、工程师等人才资源的定编定岗管理制度，合并计算跨单位、跨院系的兼职工作量，如筑波大学独立于教师组织的学群学类制。

第二，扩充跨学科研究和实践项目，强化研究方法提效赋能。扩大推广未来技术跨学科合作项目，积极布点紧缺型创新项目。深入开展智能农机装备、生物医学工程等交叉创新实验项目，促进跨学科研究方法革新。打破学科场域边界、突破传统研究惯习，实现"跨学科-贯通式"的研究范式变革。系统革新研究范式供给，连接多学科方法提供跨学科研究的颠覆性技术支持，赋能后续应用创新，如麻省理工学院的计算与系统生物学行动计划（Computational and Systems Biology Initiative，CSBI）。

第三，促进跨学科专业集成和串联，深化课程体系交叉融合。加大学科交叉深度，拓宽学科交叉范围。以科技进步驱动跨学科专业发展，加快部署设置未来前沿技术，强调多学科集群发展、融合发展，如美国最新的高校学科专业目录（CIP2020）设置了48个学科群。[①]持续推进"交叉学科高质量发展行动"，试点建设学科交叉中心、交叉学科发展特区，形成经验后统筹推进。聚焦跨学科专业设置，优化通识课程、专业课程、交叉课程体系化建设，如牛津大学通

---

① 转引自周海涛，郑淑超. "四新"学科建设的优化路径［J］. 中国电化教育，2022（4）：9-15.

过复合课程践行文理融合，麻省理工学院搭建"课程串"实施跨学科选课。①

（二）学科跨界融合的现状特点

随着工业革命 4.0、智能社会 5.0 的发展，当前尤其是未来社会情境的学科边界更加模糊，呼吁跨界思维的教育 4.0 应运而生。高校应从多学科角度观察解决问题，跳出传统学科目录的桎梏，突破传统单一学科的场域和惯习，寻找跨学科的融合创新、交汇办法，设置和发展更符合社会经济发展图景的交叉学科。由此可见，促进交叉融合，是深入推进学科建设的必然主旨。

一是跨学科平台快速扩展，专业资源交叉渗透可再加强。跨学科、跨部门、跨领域、跨界的项目实施平台渐趋完善，基本实现了国家实验室、重点实验室、技术研究中心、材料研究所的体系化建设。高校应持续推进资源共享、队伍共建，逐步健全平台合作机制，开始探索基于跨学科多学科的交叉学科设置、教学、科研新范式。为进一步助力跨界融合，学科交叉渗透亟待深入。

二是跨学科项目不断增加，研究方法交叉赋能可再强化。随着跨学科平台、协同创新中心的建立健全，跨学科的课题研究、项目学习、工程建设不断发展，并积极推进吸收、综合多学科的优秀研究方法。如循证法源于临床诊疗，从循证医学开始逐步发展为循证研究方法这一新型研究范式。循证教育改革则以有效证据为教育选择项目、产品和实践的标准②，以循证范式助推教育决策和实践科学化。为了进一步赋能学科交叉，学科研究范式仍待贯通。

三是跨学科专业加快增设，教育关键要素交叉融通，可再深化。《中国教育现代化 2035》强调推动新兴交叉学科专业特别是复合型学科专业集群发展、自然科学与人文社会科学交叉融合。国务院学位委员会确定，将交叉学科设置为第 14 个学科门类，新增 6 个一级学科。③交叉学科专业新结构逐渐推进，经济社会发展导向的价值逐渐显现。如"新工科""新农科"融合，开设农业智能装备

---

① 转引自周海涛，郑淑超."四新"学科建设的优化路径［J］. 中国电化教育，2022（4）：9-15.

② Slavin R E. Evidence-based reform in education［J］. Journal of Education for Students Placed at Risk, 2017, 22（3）：178-184.

③ 根据《关于对〈博士、硕士学位授予和人才培养学科专业目录〉及其管理办法征求意见的函》，交叉学科门类下设集成电路科学与工程、国家安全学、设计学、遥感科学与技术、智能科学与技术、区域国别学。

工程等现代农机新专业。有的高校率先布局建设交叉学科中心，推进交叉学科高质量发展。同时，为了进一步增强效果，课程、教材等教育关键要素的变革尚待深化。

（三）学科跨界融合创新的路径

学科建设绩效不仅指提高科研产出、人才培养质量，还包括密切高校与社会、政府之间的关系，培育学科可持续发展的内蕴等。高校要强调学科建设的价值理性和外部效益，同步提升质量和贡献。这就要求高校要充分利用学科建设的目标导向性、结果倒逼性，持续推进跨界交叉、范式融合，加大学科建设的跨学科范式交叉，促进跨学科融合的质量增效和贡献外溢，提升学科建设支撑国家战略、科技进步和社会经济发展的服务质量。

第一，完善跨界平台共建制度，发挥资源渗透共享的协同效应。着重优化平台学科交互、资源共享、人才互通细则。倒逼规划战略安排、整合异质资源、科学定编定岗，助推持续深化知识和资源渗透。重点支持基础学科交叉平台建设，研制平台认证体系，完善事前、事中、事后全过程监测，平台建设成效显著和在高位统筹协建制度、高度密切共建关系、高效渗透统建资源上持续变革、创造增值的，均予以倾斜性资金支持。

第二，重视研究方法交叉融合，提高跨学科方法赋能增值效应。着重提升项目研究范式的多科性、融通性、支撑性。鼓励贯通多学科方法体系，社会科学与自然科学方法相互借鉴，理论思辨与实证研究相结合，促进跨学科项目研究提质增效，支撑学科建设。深化融通跨学科研究方法，助推布局神经芯片、DNA 存储等交叉前沿技术攻克项目。加速革新颠覆性研究方法，支撑光刻技术、射频技术等"卡脖子"技术攻关项目。甄选学科范式融合示范工程，引领交叉热潮。

第三，加快紧缺专业认证，推进课程体系增值外溢效应。着重打造专业紧缺、课程完整、教材适合的跨学科专业。深化学科交叉融合，调整升级学科专业体系。系统部署学科交叉专业认证，带动课程建设、队伍建设、教材建设全方位变革。优化"金专""金课"评选制度，强化水课淘汰。助力构建"横向破壁、纵向贯通、逐层进阶"的跨学科课程体系[1]，鼓励重构跨学科课程链，改革实施跨学科综合训练课程，支持试点交叉实验班，多线跟进专业建设关键环节革新和基础条件保障，有效服务国家紧缺专业高质量发展。

四、强化数字技术双线支撑

学科建设的方法论是其本体论、价值论、认识论的统一，是多主体参与存在本质、高水平特色一体价值、跨学科交叉发展关系在实践层面的外在呈现。《教育部 2022 年工作要点》提出"实施教育数字化战略行动"。根据 OECD 的《数字教育展望 2021》[2]，智能技术通过学校管理、教师教学及学生学习来赋能教育。学科建设理念上的突破性、时代性变革，要求高校根据自身的本质特点、经济社会发展需求及未来发展趋势科学定位，在办学体制、治理形态、专业设置、教学模式、师资队伍、人才培养上进行赋能性、智能化的技术革新，全面提升数字技术对学科治理、教育学习全覆盖性的双线支撑效能。

（一）学科数字化的时代内涵

《教育信息化 2.0 行动计划》提出，到 2022 年基本实现"三全两高一大"。构建云端赋能系统实现智能远程化，带动学科治理数字化变革、教育学习智能化革命，是学科治理现代化和高质量发展的时代特征。高校应对 5G 通信、大数据、人工智能、虚拟现实、区块链等主流和新兴技术赋能智慧教育进行探究[3]，助力智慧学习环境从 O2O 到 OAO 再到 OMO 的变革[4]，完善智能技术双线支撑的学科建设手段。

第一，以开放共享的数字化技术，支撑学科育人方式全面变革。基于 O2O

---

[1] 裴钰鑫，汪惠芬，李强. 新工科背景下跨学科人才培养的探索与实践 [J]. 高等工程教育研究，2021，（2）：62-68，98.

[2] OECD.OECD Digital Education Outlook 2021: Pushing the Frontiers with Artificial Intelligence, Blockchain and Robots [R]. Paris: OECD, 2021.

[3] 祝智庭，彭红超. 技术赋能智慧教育之实践路径 [J]. 中国教育学刊，2020（10）：1-8.

[4] O2O（online to offline）模式：线上带动线下，线上空间的主要职责在于"分流"，教学过程主要发生在线下空间；OAO（online and offline）模式：线上空间多了教学职能，线下空间能进行智能分析，线上线下有机整合；OMO（online merge offline）模式：线上空间实体化，线下空间虚拟化，线上线下无明显的边界。

第五章 高等院校能力建设与行为变革

架构建立线上到线下的智慧环境，充分利用海量资源优化学科建设。在联合国教科文组织发布的报告中，《教育2030行动框架》强调利用互联网和在线技术制定高等教育远程学习服务方案，《共同重新构想我们的未来》鼓励高校充分利用数字技术带来的教育红利。[①]高校可以通过国家级智慧教育公共服务平台，扩大线上资源覆盖面，支撑"慕课西部行"计划，助力实现优质资源"共同富裕"。强化线上资源的实践应用，全面服务校园文化建设、课堂教学改革、家校社企联动、产学研用融合等多维度育人方式变革。

第二，以强调交流互动的交互技术，赋能教育学习治理模式变革。基于OAO架构建立线上线下双向流通的智慧环境，充分利用智能分析技术助力治理现代化变革，构建数字智能的教育治理新模式。利用自适应技术实现个性化学习，推广比慕课更具交互性、个性化和针对性，强调知识建构的cMOOCs、强调掌握学习的xMOOCs、强调小规模的SPOC[②]；利用教育机器人协助教学管理，推进线上线下混合教学或翻转课堂的迭代；利用区块链等技术提升学生评价要素选取的科学性、公正性和全面性，兼顾分析结构化和非结构化数据，支撑项目反应式、共同建构式评价。

第三，以注重参与体验的智能技术，促进现实与虚拟的场景融合。基于OMO架构，通过线上空间实体化、线下空间虚拟化的体验式智慧环境，充分利用扩展现实（extended reality，XR）等虚拟现实技术助力未来教育变革。数字技术具有巨大的变革潜力，我们应该将自然的、人为的和虚拟的学习场景连接起

---

① UNESCO. Reimagining Our Futures Together: A New Social Contract for Education [R]. Paris: UNESCO, 2021.
② cMOOCs（connectivist MOOCs）：2008年，由加拿大学者斯蒂芬·道内斯（S. Downes）提出并实施，基于关联主义学习理论，侧重知识的建构和创造，强调师生间的交互协作、多空间分布交互、学习者的自我调控等；xMOOCs（extended MOOCs）：2011年，由斯蒂芬·道内斯提出，基于行为主义学习理论，更接近传统教学模式，侧重学生掌握度，强调学习者根据自身需要自行安排学习时间，自定学习步调；SPOC（small private online course）：即小规模限制性在线课程，2013年由加利福尼亚大学伯克利分校阿曼多·福克斯（A. Fox）教授提出，是将MOOC资源用于满足一定条件、限制人数规模的学生群体。以上三种均为MOOC的新型发展形式。

来，最大限度地挖掘每个学习场景的潜力[①]；突破单纯的"学科+技术"的模式，深化学科与技术融合，打造数字技术应用场景，渗透各类建设场景指导学科建设行动实践。

（二）学科数字技术发展的现状特点

随着物联和智能技术的发展，技术增强学习（technology-enhanced learning）逐步进入课堂，教育学习方式不断创新，现代学习环境经历了数字学习（electronic learning）、移动学习（mobile learning）、泛在学习（ubiquitous learning）和智慧学习（smart learning）的变革。发挥在线教育的优势，强化大数据、云计算、人工智能等现代技术支撑，整合升级学科教育、创新迭代学生学习，是学科建设的时代选择。

一是数字技术运用广泛，育人方式变革的支撑性可再增强。基于"互联网+""人工智能+"的线上资源加速完善，慕课、直播回放、录播课堂、课件、习题、作业范本等视频文本资源持续丰富。同时，高校应以线上资源为载体丰富教育教学内容，以服务学科建设创新性、交叉性需求，有的技术支撑教育学习方式变革仍待强化。

二是数字互动持续增进，自适应建构的支撑性可再增强。线上教育的智能化运用不断增多，即时反馈等交互工具成为促进专家、教师、学生、机器之间互动和沟通的有效方式，从而可以帮助教师教学、学生学习。高校在学科治理、教育学习领域的智能技术运用逐渐增加，课程教学方式持续创新，学生评价方式不断变革。同时，数字化、智能化的教育学习环境已然形成，数字设备服务教育的途径和方式渐趋体系化，但有的智能解决方案服务个性化教学和分类评价的方式尚待优化。

三是数字赋能逐渐提升，场景性融合的支撑性可再增强。越来越多的高校开始深入挖掘智能技术的潜力，并将其应用于学科专业建设中。如"新农科"建设专业智慧农业装备，成立农机装备虚拟仿真实验室。技术增强的学习环境由数字化学习环境升级迭代为智慧学习环境（smart learning environment，SLE），智能穿戴等巧便设备技术与智能技术共同赋能，不断提升智慧学习环境

[①] UNESCO. Reimagining Our Futures Together: A New Social Contract for Education [R]. Paris: UNESCO, 2021.

的灵活性、有效性、适应性、反馈性和参与性[1]，线上教育与传统学校教育体系呈现交叉、融合及重新域定的趋势。[2]同时，有的虚拟仿真场景与线下教学场景的融通整合仍有待增强，智能技术赋能不同学科建设场景的支撑性亟待挖掘。

（三）学科数字技术双线支撑的路径

数字技术成为学科建设架构的支点，助推学科治理、教育学习多尺度的互联传递、贯通耦合。推进数字技术双线支撑，要着眼于学科治理、教育学习的技术需求，助推数字技术的高效支撑及指导变革，提升学科建设的整体质量。

第一，完善数据底座，提升数字技术双线支撑效率。着重增强数字技术应用的开放性、覆盖性、安全性。促进学科建设数据平台底层数据开放共享，强化数据挖掘和分析，使自我建设与外在数据库嫁接相结合，既避免大规模的重复建设，又助力改变中西部高等教育资源匮乏的难题。优化教育学习全要素场景覆盖性连接，提高全链条主体共同运行的能力。遵循《中华人民共和国个人信息保护法》，注重保障全体师生个人信息及数据分层开放的安全。

第二，健全智能基座，指导交互技术双线支撑行动。着重增强智能技术应用的个性化、针对性、定制化、迭代性。巧用数据平台优化设计满足个性需求，支持师生根据偏好设置及调控课程进度、节奏和评价系统。助力精准定位薄弱环节，为学生自定节奏学习、自适应发展和分步分类评价提供具有针对性的完善方案。构建随调随用的通用智能模块、专业核心智能模块，强化支撑人才培养方案的定制能力和指导功能[3]。推动定制需求反哺平台升级，通过人人、人机不断交互实现技术同步迭代，支持结构化和非结构化数据融合的学生评价，促进学科治理模式变革。

第三，优化沉浸体验，加速虚拟技术双线支撑变革。着重增强虚拟技术运用的操控性、预测性、融合性。打造支持网络预约、仿真模拟、远程操控的虚

---

[1] Spector J M. Conceptualizing the emerging field of smart learning environments [J]. Smart Learning Environments, 2014, 1（1）: 2.

[2] 陈晓珊，戚万学. "技术"何以重塑教育 [J]. 教育研究, 2021（10）: 45-61.

[3] 如学生个人培养方案，数据平台不仅提供选课功能，还能完善智能模块，可以根据选课行为计算学分，提供满足学分要求的教学模块选择建议路径，并能以智能算法输出针对性的教学方案、培养方案。其实质是基于实时反馈智能系统，实现同步指导与更新。还可根据培养进度的具体情况，及早挑出风险学生，着重培养拔尖人才。

拟教研室、空中教室、仿真实验室，提升高校适应不同形态、应对不同场景、解决不同问题的技术支撑能力，发挥仿真实验室对"新工科""新农科""新医科"建设的支撑效力。强化预判实验操作风险，提供安全操作建议，完善智能断电程序。充分利用感知和认知技术、XR 拓展或虚拟现实全息技术、5G+感控技术、区块链档案袋技术，深化教师、学生、内容、环境的虚实融合，支持不同学科建设场景分类融合，打造基于学科大脑的云端学科、智慧专业，助推学科建设智能革命和转型升级。①

第三节 提升内部治理能力水平

"坚持改革创新""深化办学体制和教育管理改革"，是当前高校治理改革的基本方向。高校需以内部治理为切入点，进一步深化内部体制机制改革，朝着建成高等教育强国、办人民满意高等教育的总目标迈进。新时期，高校内部治理尚面临哪些困境？深层根源是什么？有什么对策？探析这些问题，是有序推进高校健康发展、促进高等教育提质增效的当务之急。

一、治理逻辑：从量化第一到内涵优先，尊重内在办学规律

当前，一些高校的管理主义思维和行为方式较为明显，尤其看重学校管理的效率和资源的效用，常从讲求效率的实用思维出发，采用多种绩效评价工具，如聚类分析法、数据包络法、"投入－产出"法等，考察教学、科研、社会服务等成果与学校投入的资金、师资、设施等资源的比值，评判高校一定时期内的投入－产出率。譬如，有的高校照搬西方"非升即走"的教师竞争淘汰制，要求新进教师在规定年限内申请完成重大科研项目、发表一定水平的研究成果、完成规定的教学工作量等，否则便面临被淘汰、解雇或岗位调整的境遇。不难看出，这种管理主义思想已催生了强烈的"量化绩效第一"倾向，教师乃至在校研究生必须在一定期限内完成规定的教学或科研任务，职称评聘的前提多是获批何种级别、多大数额的科研项目，教师续聘与发表文章密切相关，教学科研奖励与成果数量直接挂钩。实际上，一些高校内部治理的出发点是数量化的成果和可视化的成就，对成果数量和规模效应青睐有加，甚至将量

---

① 周海涛，郑淑超."四新"学科建设的优化路径［J］．中国电化教育，2022（4）：9-15.

第五章 高等院校能力建设与行为变革

化指标的完成率视为办学成效的唯一标准,在一定程度上忽视了高校的文化建设、师生身心健康发展、可持续发展等重要问题。国内外高等教育的实践充分证明,无法量化的隐性因素恰恰关乎高校的持久竞争力。高校的人才培养和科学研究工作,需要潜心的沉淀、长期的积累和不懈的探索,离不开宽松的环境、足够的时间和充沛的精力,效率至上的管理主义倾向有悖高校教育教学活动的内在特质,容易导致师生产生急功近利心态,不利于高校内涵的提升和学术氛围的增强。

这与市场竞争机制在高校日常管理中的蔓延和渗透直接相关。20世纪90年代开始,受新公共管理理念和市场经济体制改革的影响,我国高校普遍开展了以绩效为导向的市场化改革,实施了以绩效为考核标杆的管理政策[①],试图以市场化的竞争机制缓解公共财政压力、提高资源利用率、增强社会服务能力。绩效制管理方式的初衷是好的,而从改革实践来看,有的考核方式背离了高校的学术标准和学术道德,有违自由探索的学术规律,无疑给教师尤其是青年教师带来了巨大的身心压力。一般来讲,在其他变量相对稳定的理想状态下,市场化的竞争机制能提高组织机构的运行效率、激发组织要素的活力,而有的高校推行的市场化改革有失系统,稍显片面,这些改革并未真正触动现有的制度机制,主要是一种增量型改革,有的学校甚至将改革成效完全寄托在此类新政策的尝试上。倘若没有对旧机制做减法的勇气和魄力,很难产生釜底抽薪的改革实效,也不利于高校内部治理的真正变革。

首先,高校需要转变"量化效率优先"的传统观念,全面理解高校的发展理念。高校发展不仅仅在于学校与学科排名、成果数量、成果增长速度等方面,还包括追求真理、自由平等、兼容并包等理念的践行水平。因此,需要重新定义"高校发展"的内涵,主动适应我国高等教育由粗放的外延式发展模式向精细的内涵式发展模式转变的时代节拍,超越量化效率至上的发展理念,构建科学、可持续的发展理念,消除管理主义倾向产生的负向影响。其次,纠正技术化倾向,增强考核评估的生态化。高校内部治理并不仅是技术性活动,除了追求效率、竞争等价值,还应关注公平、正义等人文性价值,高校宜改进管理主义倾向导致的公共价值缺失行为,扭转高校考核评估中的唯指标化,提高

---

① 操太圣. 最后堡垒的失守?——研究型大学基层学术共同体的发展困境审思[J]. 苏州大学学报(教育科学版), 2018(2): 67-73.

过程评估和代表性成果评估的比例,推动内部治理逻辑从工具理性向价值理性转型。最后,认清高校组织目标的综合性,尊重内在运行规律。当多个利益相关者参与决策时,组织目标的一致性和稳定性便有所降低,组织目标可能会随利益主体及利益主体间关系的变化而变化。这就需要高校管理者摒弃简单、线性的绝对化思维,基于多元复杂的背景考虑信息的收集、加工与解释过程,重点关注信息本身的质量,关注关键事件的发展动态,尊重高校的内在运行规律。

二、机构设置:从固化到优化,夯实组织根基

一些高校的内部组织结构有所固化,机构的等级化色彩明显。一方面,上下级机构之间的关系相对固定。上下级机构间的层次分明,上级机构对下级机构享有绝对统领权,下级机构从属于上级机构,并对上级机构及管理者负责,机构间的关系多是自上而下的管理与被管理关系。另一方面,各机构多有严格的工作流程与行动规范。各部门大多制定了标准化的工作规程,将日常工作流程、办事方式、人员权责文本化,决策和管理方式以召开会议和下发文件为主。多数高校机构设置还是等级化的决策机构,个体的等级地位决定了参与决策的机会和过程,下级部门人员必须尊重上级领导的权威,下级部门及人员的积极性、创造性难以充分体现,革新意识易受限制。

实际上,早在20世纪70年代初,西方公共组织领域专家便呼吁"终结层次体制",有学者指出,在追求能代表各方面利益的政策和政策制定过程中,机关管理人员和当事人团体之间积极、主动和连续的互动是非常重要的。[1]组织社会学的研究也表明,组织的科层制程度与专业化人员的比例成反比[2],当专业化人员高度集中时,专业化过程中形成的行为准则、社会规范的作用也就越大,科层制度在约束组织成员行为方面的作用便减弱。为此,建立健全专业型和开放型的组织结构,不失为一种好的办法。

首先,高校需要优化组织结构,激发内部治理结构活力。高校内部治理结构一般包括决策结构、行政结构和参与结构三大部分,决策结构决定着利益主体参与决策的机会和方式,高校最高的决策机构是党委会;行政结构代表着高

---

① 罗伯特·B. 登哈特. 公共组织理论[M]. 5版. 扶松茂,丁力,译. 北京:中国人民大学出版社,2011:91.

② 周雪光. 组织社会学十讲[M]. 北京:社会科学文献出版社,2003:309.

第五章 高等院校能力建设与行为变革

校的管理服务能力，校长办公会是高校最高的行政管理机构；参与结构即人们参与决策的规章制度，决定着哪些人员以何种方式在什么阶段参加决策。高校宜进一步明确党委、校长、师生在各类治理结构中的地位、角色及职责，细化议事程序，明确人员构成、议事时间等信息，规定不同类型决策的规则和流程，按照议事规程行使权力，促进内部治理结构真正迸发出活力。其次，坚持依法办学的基本理念和依"章"治校的治理方略，保证内部治理体系的科学性。作为"内部宪法"，章程理应成为高校内部治理的法律依据和行动准则。很多世界一流大学也在章程中明确规定了内部治理结构。高校需要充分认识到章程的法律属性和意义，严格遵照章程中关于内部治理的总体要求，总结回顾内部组织机构的建设情况，定期考察高校决策、学术、行政、民主监督等机构的合理性、适切性，及时解决组织机构空白、机构运行不力、治理效果欠佳等问题。同时，高校应根据内部治理的动态及时修订章程，重点关注、定期总结内部治理改革的有效经验，反复、多方验证，将优秀的改革经验升华为稳定的管理制度，在实践中完善、优化高校章程，为内部治理结构筑牢规则底线，提高内部治理结构的开放性和灵活度。

三、权力配置：从用权到赋权，增强权力承接能力

在校、院两级组织机构的背景下，权力在校级领导层和职能层高度集中，学院等二级机构的自主权不足，权力呈"倒金字塔"式布局。有的校级机构及管理者在重大战略决策、财政预算、人事聘任、教育教学等事项中享有话语权，甚至能推翻或否定下级机构的决策和意见，二级机构的管理自主权受限，大多在被动执行学校层面的决策或安排，上下级机构之间呈单向的决策和执行关系，组织工作方式以上传下达为主。

与其他组织不同，高校兼有常规科层与专业科层两套系统。常规科层即韦伯所强调的理性至上的权力结构，权力借助正式的职位实现自上而下的垂直布局，主要表征为行政权力；专业科层则以专业力量为主，权力主要源自高校专业标准与价值的构建，主要表征为学术权力。①在高校治理实践中，常规科层的力量远强于专业科层，导致行政权力与学术权力之间的张力加大，行政力量比

---

① 李立国. 为"科层制"正名：如何看待科层制在高等教育管理中的作用[J]. 探索与争鸣, 2018（7）：87-93, 143-145.

学术力量更具压倒性，并越发成为高校内部治理变革的掣肘。作为兼具行政和学术双重特性的高校，既要认同常规科层存在的合理性，保持大学内部运行效率和资源利用效益，又不能忽视专业科层的作用，尊重大学的文化特性和学术志趣。因为只有重视专业科层的作用，才能让高校的文化建设大放异彩，才能借助大学文化的超拔、反功利属性，使教师优先忠诚于专业学科而不是功利科层，使学生保持个性、健康成长和发展，使高等教育秉持价值理性，而非工具理性。①

近年来，高等教育领域的简政放权力度不断加大，对微观事务的直接管理逐渐减少，微观管理的权力逐步下放到学校，如不断探索落实与扩大高校用人自主权、薪酬分配权、职称评聘权等。为此，高校首先要对接好下放的办学自主权，构建上下衔接和左右协同机制，促进校内权力的逐级下放。同时，高校需要加强校级部门的沟通与协同，明确各部门权力下放的清单、方式及时间表，避免出现"该放权的领域未放权、不该放权的领域放了权"等问题。其次，权力下放部门规范权力承接程序。校级部门加强前期论证和后期监督工作，以学校管理服务的强烈责任感，对放权事项进行针对性指导与系统化培训，减少权力承接单位政策解读和办事方式的偏差。对于涉及师生重大权益的权力下放事项，务必开展充分的前期调研与民主的意见征询，科学论证权力下放的合理性、可行性和有效性；加强权力下放后的监督机制，通过部门自查、上级单位复查和第三方单位评估的方式，考评下放事项的贯彻落实情况，关注权力接受单位的运行情况、教育教学活动的活力、一线师生的获得感等，确保权力下放的实效性。最后，权力承接部门应不断提升承接能力。高校权力下放是一个上下联动的系统性过程，始于权力下放，赖于权力承接，终于权力落地，权力接得住，才能放得下。权力承接部门应不断优化部门的办事方式、人员构成、编制配置，主动承接上级部门下放的权力，制定相应的权力承接事项、承接流程、行动规范，把权力用对、用好。

四、运行方式：从各履其职到协同履职，构建多级联动机制

当前，高校的组织机构多以职能为划分依据，有的部门和岗位的"个人化"倾向明显，各自为政的现象频现；有的部门仅以部门工作目标为限，优先

---

① 阎凤桥. 思想引领：世界一流大学治理的核心特征[J]. 探索与争鸣，2018（6）：39-41.

关注部门和个人绩效；有的部门主要聚焦于局部的工作，对学校整体职能关注不够，引发组织结构与功能的分解；有的行政人员甚至将岗位和岗位所有权画等号，认为身居其位便掌握了所在岗位的一切权力。除了遵照上级政策和指令办事外，一些高校职能部门主要在部门内部活动，不同机构、部门间的互动合作很少。我们通过访谈发现，当面临多部门协同治理的事项时，各部门仍以上级部门的意见和要求为准绳，缺少自主性的协调和策略性的变通，平行部门间的合作动力和联动能力不强。

信息的策略性和信息的不对称性是重要缘由之一。从博弈论视角看，当组织内出现多人对弈时，信息便具有策略性，而非中立性。[①]从具体的职能部门来看，内部人员的职责分工相对稳定，行政人员往往负责或参与某一相对固定的事务，尤为关注与自身岗位相关的信息，较少关注部门内其他岗位或其他事项，同一部门的岗位职责出现较为明显的条块分割状态。在信息经济学看来，信息即资源，信息即利益，因此，岗位间的条块化本质上是信息资源的分割化和利益格局的固化，尤其是对于长期居于某一岗位的人员来讲，岗位所附带的信息资源会随时间的推移而稳固，与信息资源相随的利益回报也极易影响行政人员对工作职责的重视程度及行政人员的工作效率和合作意识。必须说明的是，信息的策略性催生了部门间信息的不对称性，最终导致部门间的各自为政。在行政力量占据主导、权力重心偏高的高校中，校级部门无疑是所有部门和岗位的信息源，也是信息资源的分配主体，掌握着直接的信息分配权。校级部门如何配置信息资源、回应各方信息需求，直接关系到各部门及岗位的利益格局，会影响部门及岗位之间的互动水平。一旦信息被策略性地运用，就会出现甚至加剧部门间的信息不对称问题，影响部门间的利益格局和互动关系，甚至引发内部治理的诸多隐患。这也不难看出，高校的内部治理绝非一个简单的"协调"过程，而是各利益主体互相博弈、互相妥协的政治过程，带有鲜明的政治色彩。

优化高校内部治理方式，首先要打破各级部门间的信息垄断，公平合理地配置信息资源。由于组织的"有限理性"，大学并没有最佳的、唯一的战略决策，加之信息不对称性引致的诸多矛盾冲突，高校务必站在学校可持续发展和持久竞争力的战略高度，减弱对信息资源的垄断，重视并逐步满足各职能部门

---

① 周雪光. 组织社会学十讲 [M]. 北京：社会科学文献出版社，2003：292.

的信息诉求，充分尊重不同部门的利益、信息和反映，顺应信息资源开放性、社会化的必然趋势，构建多级联动、协同攻关的运行机制。其次，及时更新部门内部的岗位职责，强化互相协作的联动关系。从组织可持续发展的视角看，岗位人员的工作效率越高，管理者的介入便越少，组织机构的自主性便越强，这是增进部门间联动的基本前提。各部门管理者应综合学校战略决策、部门动态、人员结构等情况，定期回顾团队内部岗位职责分工情况，多角度评估岗位职责分工的合理性，及时做出适应性调整与优化，打造部门内部灵活自主、紧密团结的协同关系。最后，探索建立矩阵式的组织结构，搭建横向联动的组织网络。在以职能为部门划分标准的基础上，高校可以按照项目或服务，整合与调配各部门人员，即同一名行政教辅人员依然归属于原部门，同时参与项目小组的工作，工作任务结束后便可回原部门，最大限度地发挥各部门的优势，打破部门间的横向壁垒，重塑部门间的互动关系。

五、主体参与：从存在感低到参与感强，激发师生共治活力

师生参与程度是检验高校内部治理水平的"试金石"，但我国高校一线师生的存在感普遍不高。一方面，学生合法权益保障不力，参与治理权受限。一项研究发现，后勤服务等管理部门是学生权益受损的主要来源，逾 3/4 的学生表示自身合法权益曾受到高校行政及后勤人员的轻视，相比之下，高校处分、拒授学位与毕业证等教学管理工作并非高校管理侵权的主要领域。[1]我们实践中也不难看出，有的高校行政人员重管理轻服务，对学生的服务态度不尽友好，服务质量参差不齐，无法做到想学生之所想、急学生之所急，学生的知情权、参与权、监督权等参与治理权较难实现。另一方面，教师参与治理的意愿不强、参与层次不深。有调查显示，教师在人才培养、聘用考核、科研活动、院校发展与收入待遇等方面的参与行为都显著低于参与意愿，对收入待遇等与教师切身利益相关的事务呈现出"高意愿、低参与"的特征，其中"双肩挑"教师比非"双肩挑"教师的参与意愿更强，对师资队伍建设、学校规划发展等核心事务的

---

[1] 张弛. 高校管理侵权与学生权益救济机制的现实考察——基于 1441 份问卷的实证分析 [J]. 复旦教育论坛，2018（3）：31-37.

参与行为更多。[1]

随着高等教育规模的扩张和大学行政教辅人员的增加，有的高校行政教辅人员将师生视为有求于他们的"顾客"，产生了"高高在上"的心理优越感，师生的存在感不高，参与学校治理的动力不足。在没有集体合作与协商机制牵制的前提下，行政权力向学术权力的渗透更易使权力失去刚性约束和规范，进而引发组织内部紧张。[2]对于高校而言，以行政权力为主体的治理模式是师生参与治理存在感不高的根源，行政力量独大催生了高校组织机构及人员的优越感，使高校应有的人文关怀被忽视，师生的参与治理权益无法得到充分保障。浏览国内各大高校的官方网站发现，仅有少部分"双一流"建设高校将教务处、财经处、人事处等组织机构称为"管理服务机构"，多数高校仍以"行政机构""管理部门"命名，更有高校以"机关单位"统称，重行政管理、轻服务支持的倾向较为明显。

高校需要在优化内部治理上有所作为、敢为人先，将工作重心向权力分享和多主体参与倾斜，注重利益主体的多元共治和权责共担，提升利益主体的参与治理积极性，提高一线师生的参与感和满意度。一方面，健全基层的师生自治组织，破除师生参与治理的制度性障碍。严格遵照法律法规和章程的基本要求，系统梳理教师代表大会、学生代表大会、学术委员会等共治制度的建设成效，及时考察组织运作方式的民主性和有效性，不断扩大师生参与共治渠道，保障师生在学校内部治理中的发言权，使广大教师既能通过担任行政职务、参与学术评议会、选举投票等正式途径行使权利，也能通过参与讨论、互动、协商等非正式途径发声，保障师生的知情权、参与权、监督权、表达权等。另一方面，坚持以师生为中心的服务理念，构建常态化的权益救济机制，增强师生参与感。一般来讲，当组织过于追求效率或以目标为导向时，很可能出现"去人格化""主体客体化"的趋势，阻抑组织成员的参与权益。因此，高校应探索建立常态化的权益保障与监督约束机制，科学制定校内行政人员行为准则，督促管理服务人员依法依规办事、合情合理待人，预防侵害师生参与治理权益的行为，坚守以人为本的服务理念。当然，师生也要恪守日常教学活动的言行底

---

[1] 郭娇，徐祯. 高校教师参与治理的意愿及行为分析 [J]. 中国高教研究，2018（6）：62-68，76.

[2] 阎光才. 高校教师参与治理的困惑及其现实内涵 [J]. 中国高教研究，2017（7）：6-11.

线，珍惜参与学校治理的法定权利，积极主动地建言献策，为高校内部治理创新贡献力量。①

---

① 周海涛，闫丽雯. 新时期高校内部治理创新的路径［J］. 国家教育行政学院学报，2019（10）：59-64.

第六章
高等院校教师发展与人才服务

教师队伍是高等院校治理的第一资源,教师队伍建设是高等院校治理的基础性工作。高等院校教师发展与人才服务的核心在于,扩大教师发展管理自主权,把握教师建设的关键内涵,优化教师引育服务链。

第一节　扩大教师发展管理自主权

深化高等教育领域"放管服"改革,是真正落实和扩大高校办学自主权的关键举措。2017年3月,《教育部等五部门关于深化高等教育领域简政放权放管结合优化服务改革的若干意见》印发,突出强调了编制、岗位、进人用人、职称评审、薪酬分配、经费使用等人事管理方面的重点事项,力图破解束缚高校人才发展的思想观念和制度障碍,进一步释放高校人才发展的活力。当前,高等教育领域的"放管服"改革已至临界点,各地政府和高校应认真贯彻落实《教育部等五部门关于深化高等教育领域简政放权放管结合优化服务改革的若干意见》,制定方案、配套政策,协同创新,督查落实。我们对省市级政府及高校关于高等教育领域"放管服"改革落实情况的调研显示,"放管服"改革整体向好,涉及高校人事自主权领域"放管服"的相关政策规定虽然很"解渴",落地效果却不尽如人意,高校和师生的获得感不强,令高校忧虑、教师困扰的是仍存在一些束缚高校人才发展的瓶颈问题。在统筹推进"双一流"建设、深化人才发展体制机制改革的背景下,高校亟待以更大决心、更大力度、更快速度进一步落实和加大人事自主权,及时回应高校和教师的强烈关切与诉求。

一、高校教师人才发展的主要瓶颈

(一)一些机构及岗位设置的自主性缺乏

人员总量管理下的机构及岗位设置自主性,是革除高校内部组织行政化、科层化弊病的主要抓手,也是高校内涵建设、特色发展,主动适应地方经济社会发展的重要保障。一些高校人员认为,《教育部等五部门关于深化高等教育领域简政放权放管结合优化服务改革的若干意见》明确的"积极探索实行高校人员总量管理""高校依法自主管理岗位设置""高校自主设置内设机构"等与所期待的落地见效相距甚远。当前,在编制管理下,教师只能进、不能退,论资排辈问题依然严重,老人退不了、新人上不去,其中一部分编制岗位被少数不符合新学术标准要求的"老人"所占据,囿于编制所限,面临"出一个"才能"进一个"的尴尬,对青年人才成长和急需人才的引进造成了极大的阻碍。由于对编制"红线"望而生畏,一些高校只能通过编外聘用的制度来引进和管理人

第六章　高等院校教师发展与人才服务

才，这又导致身份地位不平等、"同工不同酬"等问题。一些发展较快和水平较高的高校，现有高级职称教师退休空编量小，加之事业发展对人才产生的刚性需求，难以满足高校可持续发展的需要；一些高校已经实现由岗位管理替代编制管理，多数高校全面突破高级职称占比限制，取消高级职称占比限制、岗位结构比例限制的愿望强烈。当下，政府机构编制管理部门对高校内设机构的审批和干部职数管理无法适应高校新时期发展的特点，高校期待政府机构编制管理部门下放高校内设机构调整权限，实行备案管理，由高校自主设置教学、科研、行政职能部门等内设机构和配备人员；高校组织干部管理部门根据内设机构设置同步调整干部职数控制办法，并对干部履历实行同步备案管理。

（二）一些进人用人管理模式固化

高校在人才培养、吸引和使用方面的自主性，是高校用人自主权的主要体现。一些部门对人员总量内进人用人管理的深度介入和干预，直接影响了高校内部人力资源的合理配置，阻碍了人才创新创业活力的激发和释放，以及人才价值的充分实现。高校代表普遍认为，《教育部等五部门关于深化高等教育领域简政放权放管结合优化服务改革的若干意见》明确的"自主公开招聘人才""政府各有关部门不统一组织高校人员聘用考试，简化进人程序"等，仍有待于落实到现实层面。一些省级教育行政部门和高校人员认为，现行编制管理模式下对高校年度人才引进名额依然实行报批制度，限制了高校进人用的自主性。实践中，从有效满足高校可持续发展对人才的需求出发，由于人才实际签约与到岗数量差距太大，不得不通过超出计划人数招聘以达成正常实际引进目标，难免有时出现个别超出计划的名额，实际工作中却无法报批、入编和接收；在人才引进中，不允许实际引进报批人才的专业方向与人才引进计划指标的专业方向有偏差，这完全不符合人才市场供求关系的实际情况。同时，高校人才引进报批、入编要经过人事部门的工资处、事管处、调配处等，程序烦琐、期限过长，往往两三个月还批不下来，在这一过程中，人才流失现象时有发生。此外，有些地方政府相关部门统一组织招聘高校辅导员、管理人员、技术人员，大多数高校代表存有异议，不同类型高校对辅导员、管理人员、技术人员的专业和水平有不同要求，由于统一招考录用人员与实际岗位需求难以有效对接，不少高校宁愿空编，或通过非事业编和临时聘用人员缓解燃眉之急，也不愿勉强录用，导致高校辅导员、管理人员、技术人员队伍整体素质不够理想。

（三）一些绩效薪酬分配体系不完善

高校绩效薪酬分配制度是以增加知识价值为导向分配政策的主要内容之一，科学、合理、公平的收入分配制度是高校教师队伍稳定、可持续发展的重要支撑。一些部门和高校反映，《教育部等五部门关于深化高等教育领域简政放权放管结合优化服务改革的若干意见》明确的"支持高校推进内部薪酬分配改革""加强高校绩效工资管理"等，需要政府和高校协同、创造性地落实。当前，薪酬方面需要适当放开，由高校自主设计薪酬制度，年薪制或协议工资制等新政策配套措施亟待落地落细；人事、财政部门在核定绩效工资总量时，需要考虑高校分类分层情况，注意避免差距过大。其实，现行的按年度递增高校绩效总量的控制方式，不允许超额发放绩效，不利于释放改革活力，难以吸引人才、激励人才，而且容易产生一系列问题。比如，阅卷费怎么发？巡考费又怎么处理？在绩效工资总量控高线下，基本工资不断上调，绩效工资调控的空间越来越小，绩效工资制度的效用大大缩水；反观之，当前绩效工资的控高线事实上已成为各高校必须达到的底线，使得财力不足的高校勉为其难。此外，一些高校反映，人才引进、到岗之后，大多需要一个教学、科研工作适应期，人才引进项目经费限制两年内用完，不利于人才项目经费用实、用好，希望采用结果或目标导向而非时间约束的办法，主要由人才本人自主决定经费使用，项目顺利结项，经费甚至可以结转，以供其他学术研究使用，有利于更加充分地调动科研人员的积极性。

（四）一些教研人员外事审批套用公务员标准

在"双一流"建设的背景下，面向国家重大战略和服务地方经济社会发展需要，对外学术交流合作是高校培养人才，提升教育科研国家软实力、国际影响力和国际竞争力的重要途径。一些省级教育行政部门和高校代表希望加快推进 2016 年中共中央办公厅、国务院办公厅印发的《关于加强和改进教学和科研人员因公临时出国管理的指导意见》在地方层面落地见效。当前，操作层面中依然延续出国批次数、团组人数、在外停留天数的限量管理；对高校二级院系担任领导职务的教授因公临时出国依旧套用公务员标准，层层卡死；计划报备、审批层级、办理环节等出国审批程序仍繁杂琐碎。实践中，在学校层面达成的对外交流与合作项目，往往由于严格的外事审批手续，导致责任人无法及

第六章　高等院校教师发展与人才服务

时出国出境，协议难落实，从而失信于外方；部分不定期的国际会议或者临时会议，有时由于获得通知的时间到实际开会日期的期限内（需要提前两个月甚至半年以上获得邀请函）难以完成外事审批手续，而不得不放弃。也有教师反映，对外交流的护照种类（公/私）、机票、出国时长限制等较为严格，有时难以准时、完整参与国外合作交流活动。

二、影响高校教师人才发展的主要因素

（一）各方共识不足，协同性不强

人是一切的决定因素。在进一步落实和扩大高校人事自主权的改革中，至少需要在两个层面达成共识：一方面是高校的发展归根结底取决于其人才发展；另一方面是高校人事制度改革取决于改革的主导者。当前，一些部门、高校对人才发展和改革落实重要性的认识不到位，人事制度改革滞后于其他相关改革，迟迟不能在消除制约高校人才发展的思想观念和制度障碍等关键问题上有所突破，以致发生大量的人才浪费、人才流失现象，很大程度上制约了高校的改革与发展。新一轮的高等教育"放管服"改革已至"拐点"，中央层面关于高校人事管理利好的政策落地生根难的问题依然存在。进一步落实和扩大高校人事自主权涉及的部门多样、利益主体多元，要通过统一思想、凝聚共识，广纳众议，形成改革方案，降低改革实施成本，提升改革实际成效。当前，一些高校人事制度改革的相关方出于种种原因，有的成为置身事外的旁观者，也有的互相之间缺乏协同、配合和支持。进一步落实和扩大高校人事自主权，亟待各改革主体树立全局观念、强化大局意识、协同合力推进，这既涉及人社、编制、教育、财政等部门的配合，也需要中央行政部门和地方行政部门的协作，更期待政府部门与高校形成合力。

（二）有的计划色彩较浓，人本性不彰

一些部门对高校人事管理放权不够，计划色彩较浓，统得过多。高校更多作为行政组织的形象出现，高校及其内设机构具有行政级别，学校领导以及二级院系领导也都相应有一定的行政级别，其机构设置、职能定位、人员配置和管理方式与高校作为一个学术组织的特性不相适应，存在行政化、科层化、官僚化现象。在高等教育"放管服"改革背景下，一些部门及高校在管理理念上

依然抱守"以事为本"而非"以人为本",在管理模式上更倾向于直接管理而非间接管理,管理方法上更习惯于全面管理、过程管理、微观管理,而非分类管理、目标管理、宏观管理。新阶段,高校人事制度改革涉及面更广、关联度更高,破解深层次矛盾和问题的难度更大,受制于认识的局限、传统的惯性、利益的固守、信任的缺失,少数政府部门及高校相关人员对于人事管理权力不知道放、不想放、不愿放、不敢放,加之容错、信任机制缺失,不可避免地陷入干得越多、出错越多、惩处越严的怪圈,这种现状不仅阻碍了高校人事自主权的落实,更成为束缚改革深入落实的障碍,亟待用法治方式化解高校人事制度改革风险,通过法治引领、保障、促进改革,破除改革阻力,充分激发改革主体的活力。

（三）一些碎片化改革多,综合性不够

当前,致力于落实和扩大高校人事自主权的相关改革分散在多个领域,存在外部改革滞后、内部改革虚化现象,总体上呈现出不全面、不系统的"碎片化"状态。事业单位人事制度改革和高等教育综合改革分属不同领域,由于在改革的尺度、推进的速度、覆盖的广度、实现的难度等方面存在差异,两个领域涉及高校人事制度的改革呈现多点弥漫的"散化"。在中央和地方两个层面,往往由于中央层面的高校人事政策制定涉及多个部门、始于不同时间,加之地方层面制定方案的差异,实施的进度、力度的差异,高校人事制度的改革在地方层面呈现出参差不齐的"异化"和层层递减的"弱化"。在高校内部,受限于现阶段整体治理水平与能力,人事制度改革的落地见效直接受到影响;在高校外部,包括社会保障、户籍、档案等制度在内的关联改革滞后,高校内部人员真正意义上的退出机制难以建立,以至于高校内部人事制度改革呈现岿然不动的"虚化"。此外,现行高校经费拨款机制和科研经费管理方式改革落后,在一定程度上也影响了高校人事制度改革的效果。唯有相关领域、不同层面、内部外部多方改革,同步设计,有序衔接,协同推进,方能避免高校人事制度改革的"碎片化"倾向。缺乏顶层设计、整体推进的"单兵突进"式高校人事制度改革,难免事倍功半,甚至无功而返。[①]

---

① 管培俊. 关于新时期高校人事制度改革的思考［J］. 教育研究,2014（12）:72-80.

（四）一些地方省级统筹乏力，督促不到位

当前我国高等教育发展的阶段，决定了要以综合改革为手段推动高等教育领域的各项改革，而高等教育综合改革的突破口之一就是加强省级高等教育统筹，通过省级统筹，切实强化高等教育与经济社会发展的联系，统筹推进高等教育领域的各项改革。①就高校的人事自主权而言，"'放管服'改革意见""因公出国管理意见"明确下放大部分人事自主事项，一些省级政府统筹推进、各部门分工协作的工作机制并未发挥应有的作用，在及时制定省级层面落实政策、统筹协调各部门制定配套政策方面，以及后续的实施保障、督查落实等方面难有"下文"。随着高校人事制度改革的推进，一些地方政府部门的监管体制和监管方式不适应高等教育新发展新要求，深陷"老办法不好用、新办法不会用、硬办法不敢用、软办法不管用"的困境，监管不科学、不到位问题频现，落实和扩大高校人事自主权的相关政策与高校的期望存有一定的距离。当前，实践中存在相关部门对高校人事制度改革各相关单位、部门和个人拒绝、放弃、推诿、不完全履行职责，或者不依照规定权限、规定程序和规定时限履行职责等问题，对此尚未有及时、有效、全面的督查问责。然而，随着 2017 年 6 月《国务院办公厅关于印发对省级人民政府履行教育职责的评价办法的通知》出台，省级政府在督促落实高校人事自主权方面逐渐发挥出重要作用，从省级政府执行的前端、中端和末端全流程保障高校人事制度改革。

三、进一步落实和扩大高校人事自主权

（一）凝聚多方共识，形成整体合力

新阶段是全面深化高等教育改革的关键期，处于不进则退的相持状态。唯有以一抓到底的落实魄力、善谋能成的落实能力，凝聚多方共识、形成改革合力，才能在"临界点"推动高等教育改革向前推进。②进一步落实和扩大高校人事自主权，需要在中央与地方之间、政府相关部门之间、政府与高校之间、高

---

① 李立国. 以省级教育统筹推进教育领域综合改革 [J]. 清华大学教育研究, 2013 (1): 14-16.
② 王传毅, 杨力苈, 杨佳乐. 德国大学"卓越计划"实施成效评价：基于 PSM-DID 方法 [J]. 中国高教研究, 2020 (1): 5-11.

校内部管理部门及师生之间达成"人才是支撑发展的第一资源"共识,从而以不同层面主体之间、同一层面主体之间、不同层面主体内部的高度共识为基础,着力破除束缚高校人事管理的思想观念和制度障碍,激发高校人才发展的活力,助力高校发展上层次、上水平,主动服务地方经济社会发展。具体而言,政府层面要进一步理顺中央与地方的教育管理权限和职责范围,深化高校人才发展领域的"放管服"改革,优化省级政府在教育统筹职责履行方面的评价体系;发挥省级政府统筹推进、各部门分工协作的工作机制的效用,切实打破单位(部门)或条线利益藩篱,协调教育、发改、财政、编制、人社等部门,严格贯彻落实中央关于高校人事制度改革的相关政策,制定并创造性地落实有利于本区域高校人才发展的相关政策;在加强省级教育统筹的同时,向省以下各级政府放权,理顺人事管理职责,推动区域范围内人事制度领域"放管服"改革走向深入;在高校层面,学校层面、二级院系,各内部管理部门,教学、科研、管理、服务人员等,需要达成共识,聚焦高校人事制度改革的正确方向和高校的改革发展大局,用法治思维和法治方式推进高校内部人事制度的完善及相关改革的进行。

(二)厘清两个区别,凸显教育特性

多年来,高校综合改革在扩大和落实高校办学自主权方面取得了一定的进展,但在传统方式下,作为行政系统的延伸和附属,高校的学术组织特性仍然未能得到充分体现,尤其是对高校人事和财政事项的管理,依然偏向于沿用传统的行政管理模式。当前,落实和扩大高校的人事自主权,从改革方案制定到实施全过程,需要厘清"两个区别"。一方面,高校有别于行政机关,高校具有独立的法人地位,并被法律明确赋予在招生、学科专业设置、教学、科学研究与社会服务、境外科技文化交流和合作、机构设置与人事、财产管理使用等七个方面的办学自主权,而非政府的附属单位或部门;在管办评分离的背景下,政府作为监管者的职责限定在法律规定的政策、监管、拨款、信息、评估等方面,而在其他方面高校拥有充分的自主权。因而,高校要直面当前在内设机构、干部管理、岗位管理等方面存在的行政化问题,对高校机构编制和人员配备的管理要区别于对行政机构编制及公务员的管理,切实落实《中华人民共和国高等教育法》及相关政策规定的高校机构设置权和用人自主权。另一方面,要明确高校教师开展人才培养、科学研究和社会服务的活动有别于政府公务员

的公务活动,彻底调整高校人事管理中存在的行政化倾向,防止简单套用党政领导干部和公务员管理办法、不加区分地管理教学科研机构负责人和专业人才。此外,基于高校及其教师与政府及其公务员之间的区别,在进人用人自主、绩效管理、外事活动管理等制度上,以及与人事管理相关联的人才项目、兼职收入和各类会议费、差旅费等经费支出上,仍然要做出区别于公务员系列的高校人事和经费管理规定,进一步完善适应高校创新人才发展的体制机制。

(三)突出管办分离,优化管理方式

新时期,深化高等教育"放管服"改革,既要放权,更要监管,做到放管结合、放管同步、放权不放任、监管更有力。进一步落实和扩大高校人事自主权,总体上还需要进行有效的监管,包括牢固树立人事管理"以人为本"的理念,主要遵循间接管理的模式,突出管办分离、优化管理方式。一是从全面管理向分类管理转变。我国高等教育系统已然成为一个复杂系统,其分化趋势也更加复杂,随之而来的是不同的高校承担不同的功能,而这些功能又是通过高校的人员总量及结构比例等来实现的。①当前,要积极引导高校合理定位、克服同质化倾向,加快推进高校分类指导、分类管理改革,在此基础上探索推进高校分类指导、分类管理下的人事自主事项分类管理,从而避免"一刀切"的全面管理。二是从过程管理向目标管理转变。在高等教育"放管服"改革背景下,对高校管理以及高校内部管理的重心下移可能会导致多元主体间的责任边界不明确,需要明确高校人事管理的任务目标并实行分解,建立健全符合人才创新规律的人才发展及其配套制度,通过目标管理、绩效管理等源头管理,获得更好、更多、更持续的结果,进一步激发教学科研人员的积极性。三是从微观管理向宏观管理转变,地方政府相关部门对高校人事管理,要采用总量管理而不是具体审批,着力于抓总量、抓关键、抓核心,而不对机构设置、编制、名额以及外事活动等具体如何安排进行审批,尽可能地将与经费不直接挂钩的事项下放给高校。

---

① 俞蕖,刘波,戴长亮. 分类管理趋势下的高校师资队伍发展理念与实施机制探析[J]. 中国高教研究,2014(4):54-59.

（四）注重全程发力，把握重点环节

当改革棋至中盘，由顶层设计走向实操层面时，高校尤需注意从抓改革方案制定入手，全面彻底、步步深入，一直抓到部署实施、政策配套、协同攻坚、督察落实，保证改革举措善始善终。[1]一是抓方案。在高校人事制度改革领域，需要在当前事业单位人事制度改革总体方案的基础上，全面、系统、科学地提出高校人事制度改革的总体意见，切实解决由顶层设计不到位导致的改革"碎片化"问题。二是抓配套。对中央层面关于高等教育领域"放管服"、教学科研人员因公临时出国管理，以及中央财政科研项目资金管理等相关政策性文件，不同层级、不同业务归口单位要积极出台配套办法与措施，并配套提供人、财、物的服务与保障，有序衔接、协同落地，消除政策实施中唯恐触及"红线"的心理，杜绝不同层面、不同部门改革推进中"等""靠""要"的现象。三是抓协同。从教育发展的优先战略地位及全面深化改革的全局视野出发，聚焦落实高校人事自主权，要强化央地协同、部门协同、政校协同，强化放权协同、监管协同、服务协同，强化部署协同、督查协同、落实协同，合力攻坚，蹄疾步稳，务求改革取得应有实效。四是抓问责。中央和地方层面在落实高校人事自主权政策过程中，要坚持通过信用机制、抽查、督导、巡视等强化监督，建立健全督查问责机制，保证"事有人管、责有人负"，防止出现推诿掣肘和懒政行为，严肃查处人员总量管理中弄虚作假，教学科研人员以对外学术交流合作名义变相利用公款出国旅游等违法违纪行为。[2]

★ 第二节 高校教师建设的关键内涵

面对建设高等教育强国、办好人民满意教育的新要求，高校教师队伍建设的极端重要性更加凸显。新时期，加强高校教师队伍建设的关键任务是将师德师风建设作为评价高校教师队伍的第一标准，将提升专业素质能力作为高校教师队伍建设的核心内容，将深化管理制度改革作为高校教师队伍建设的重要抓

---

[1] 本报评论部. 改革一定要抓彻底抓深入[N]. 人民日报，2017-04-17（005）.
[2] 周海涛，刘永林. 地方高校人事自主权亟待落到实处[J]. 高等教育研究，2018（1）：24-28.

手，将建立分类评价体系作为高校教师队伍建设的改革导向，将提高地位待遇作为高校教师队伍建设的重要保障。

一、加强高校教师师德师风建设

师德师风是评价高校教师队伍素质的第一标准，为人师表是高校教师行为规范的第一要义。"教师是人类灵魂的工程师，是人类文明的传承者，承载着传播知识、传播思想、传播真理、塑造灵魂、塑造生命、塑造新人的时代重任。"[①]2014年以来，我国高校教师师德师风建设不断完善，"四有好老师"概念获得广泛共识。教育部印发《关于建立健全高校师德建设长效机制的意见》，构建了高校教师师德建设制度体系。但我们通过调研发现，高校教师师德师风建设还存在一些问题，主要表现为：一是有些高校对师德师风建设的重视程度不够，主体责任意识有偏差、落实不到位、效果有落差，内部管理中碍于情面有"宽松软""息事宁人"现象。二是关于师德师风建设的制度不完善、长效机制不健全，对具体问题要求不明确、管理不具体、考核不严格，有的学校相关制度过于宏观空泛、贴合度不够，指导性、针对性、操作性不强。三是个别教师不珍惜、不爱惜教书育人的职业荣誉，立德树人意识淡薄，言行不够规范，个别失德失范行为影响了高校声誉和教师职业形象，有的甚至危及教育秩序和社会稳定。

加强高校教师队伍建设应将师德师风作为第一要求。一是需要明确专责工作机构，压实师德师风建设主体责任。把教师思想政治素质和职业道德水平摆在首要位置，设立主管部门、高校和院系三级专门负责机构，强化政策落实和效果督导；突出全员、全方位、全过程师德养成，实施师德师风建设工程，提升教师思想政治素质和师德涵养。[②]二是加强师德师风制度建设，推动师德师风建设常态化、长效化。完善新时期高校教师行为规范，明确师德师风考核评价的内容、标准、主体、方式，为师德师风建设提供操作性依据；创新师德师风教育制度，开发师德师风培训课程，设立师德师风培训基地，引导高校教师以

---

① 习近平在全国教育大会上强调 坚持中国特色社会主义教育发展道路 培养德智体美劳全面发展的社会主义建设者和接班人［EB/OL］.（2018-09-10）［2022-05-10］. http://www.moe.gov.cn/jyb_xwfb/xw_zt/moe_357/jyzt_2018n/2018_zt15/zt1815_yw/201809/t20180910_348145.html.
② 孙尧. 努力建设新时代高素质教师队伍［N］. 中国教育报，2018-10-22（001）.

德立身、以德立学、以德施教。三是做细、用实师德师风考核，强化师德师风教育监督。严格师德师风考评，将其贯穿于教师职业生涯的全过程，同时体现正向激励和重典惩治，推行师德考核负面清单制度，建立教师个人师德档案和信用记录，严格执行"师德一票否决制"。加强日常教育监督，设立网络监督平台和曝光平台，构建高校、教师、学生、家长和媒体等多主体参与的师德师风监督体系。

二、提升高校教师专业素质能力

教师队伍素质直接决定了高校办学能力和水平，其中专业素质是高校教师的核心能力。建设业务能力精湛、育人水平高超的高素质教师队伍是高校改革发展的基础性工作。从高等教育的主要职能看，高校教师主要承担教书育人、科学研究、社会服务、咨政建言等重要职责，因此高校教师专业素质能力就主要体现在这些职责中。新时期，我国高校教师专业水平整体提高、立德树人效果显著，但是建设高等教育强国的战略目标对高校教师队伍能力和水平提出了更高要求。我们通过调研发现，建设高素质专业化高校教师队伍还面临诸多挑战。一是面对人才培养成为高校核心工作的新定位，有些高校存在"重科研、轻教学"现象，一些教师的精力还没有聚焦到立德树人这一核心工作上，教育理念和方法相对滞后，教书育人能力和水平需要系统提升。二是面对经济社会发展对科学知识和创新能力需求更为迫切的新形势，一些高校和教师的基础创新、协同攻关能力不强，有利于激发创新活力和促进成果转化的科研体制有待健全，教师队伍的整体科研能力和水平需要全面提升。三是面对高等教育融入国家创新体系和新型城镇化建设的新要求，一些高校和教师在促进产教融合、校企合作方面的意识和能力还不够，尚未担当起把自身功能使命与国家发展、人民福祉相联系的责任，促进社会经济发展、服务国家重大战略的咨政建言能力还需要加强。

提升专业素质能力是高校教师的安身立命之本。一是应夯实高校教师专业发展体系，全面提高教师队伍的教书育人能力。打造国家、省级、高校三级教师专业发展平台，加强高校教师教学发展中心建设，开设中青年教师教学能力提升训练营，通过院系教研室"传帮带"方式提高教学技能，通过高校教师发展中心系统培训提升整体水平，通过省级培训中心全过程服务提高教师培训质量。改变"重科研、轻教学"的评价导向，引导高校教师将更多精力向教育教学集中，重塑教书育人的执着、热爱教育的定力、淡泊名利的坚守。面对"互联网+教育"理念和技术的新挑战，将提升信息化教学素养列为高校教师专业发展培训的基本内容，推动高校教师适应移动互联网、人工智能等新技术变革。二是应完善科学研究布局，以学科专业为支撑，系统提高高校教师的科学研究和创新能力。完善相关学科专业布局，优化科学研究支持体系，充分发挥高校学科人才和科学研究的主力军作用。高校积极发挥学科齐全、人才密集、研究成果丰富和对外交流广泛的优势，加强跨学科、跨专业、跨部门、跨地区的协同研究，培养、引进一批具有国际影响力的学科领军人才和青年学术英才。三是应发挥高校教师人才智库作用，全面提高其服务经济社会发展、服务国家重大战略的能力。以深化产教融合、校企合作为契机，积极开展应用研究、技术咨询、成果转化等，服务区域社会经济发展。聚焦国家改革发展和高等教育热点、难点，开展前瞻性、政策性研究，参与决策咨询，影响政策结果，打造一批知名高校智库和专业化智库人才。

三、深化高校教师管理制度改革

当前，我国高等教育改革进程不断提速，高校硬件条件有了很大改善，改革议题由浅层次逐渐转入深层次，高校改革的"硬骨头"逐渐显露出来。其中，教师管理改革成为关乎高等教育改革发展前景的重要因素。2017年以来，《中共中央 国务院关于全面深化新时代教师队伍建设改革的意见》《关于深化新时代教育督导体制机制改革的意见》等文件要求深化高等学校教师管理制度改革。但是，从改革进程看，高校教师管理制度相对滞后，还没有适应"双一流"建设要求，未能契合教师群体期待。一是人事管理制度相对固化、用人机制不够灵活。从调研情况看，一些高校仍局限在事业编制框架下，教师一旦入编就意味着拿到了"铁饭碗"，高校没有建立能上能下、能进能出的用人机制。二是高校教师结构优化和合理流动受阻。面对高校对促进人才流动的强烈需求，人才合理有序流动的整体环境还没有形成。调研中，有教师反映，受制于户籍、地域、编制、人事关系等制度因素，有些高校对教师的正常流动层层设卡。三是教师职称管理制度改革不到位，职称管理制度与学校发展目标定位、教师队伍建设规划不匹配。调研发现，部分高校的教师职称评审责任、评审标准、评审程序不够明确；有的高校普遍设置职称比例，导致高级职称指标少、教师晋升难。四是教师专业发展缺乏系统支持体系，可持续发展机制没有建立。省级高校教师培训中心发挥的作用有限，各地培训资源共享不够，不少高校教师发展中心还停留在只有一块牌匾的时代，专业人员少、能力不足，中青年教师尤其是新入职的青年教师对于建立专业化的教师发展中心有很大期待。

深化管理制度改革是加强高校教师队伍建设的着力点和重要抓手。一是完善人事管理制度。深化高等教育领域的简政放权改革，打破编制体系的固化管理，建立健全高校教师总量管理、动态调整机制；发挥院系用人主体作用，向用人主体充分放权，探索院系自主开展招聘、培养、评价等工作。二是真正打破"近亲繁殖"，适应人才培养结构调整需要，改进高校教师年龄、学历、职称、学缘、地缘结构；鼓励高校引进具有其他学校学习工作和行业企业经历的教师。改变教师对高校的人身依附关系，鼓励教师在多所高校承担相关工作；建立高校协商沟通机制，探索建立人才成果合理共享机制，探索人才流动中对前期培养投入的补偿机制，形成高校、人才双方共赢的良好局面。[1]三是推进职称制度改革，畅通职业发展渠道；取消专业技术高级岗位设置比例的限制，为教师专业发展和职业上升提供充足的空间；在高校组织职称评审、按岗聘任的同时，简化评审程序，充分发挥用人单位的自主评价权，重视用人单位的评价意见；探索实施准聘与长聘的结合，做到能上能下、能进能出。四是健全教师培训体系，创新培训管理服务。健全教师培训工作机制，做活做实校内教师发展项目，下沉教师培训资源，探索实施高校教师培训院（系）负责制，分层次、分学科、分岗位开展全员培训；鼓励教师培训机构、行业企业联合开发优质培训资源，构建"互联网+教师培训"体系，允许和鼓励高校向行业企业和社会培训机构购买创新创业、前沿技术课程和教学服务。

四、建立高校教师分类评价体系

人才评价是高校教师队伍建设的重要组成部分，也是教师人力资源开发和使用的前提。建立科学的分类评价体系，对于树立正确用人导向、激励教师职业发展、调动教师立德树人的积极性、加快建设高等教育强国具有重要作用。当前，我国高校教师评价体系更加尊重教师主体地位和职业发展规律，例如，

---

[1] 教育部办公厅关于坚持正确导向促进高校高层次人才合理有序流动的通知［EB/OL］.（2017-01-25）［2022-02-05］. http://www.moe.gov.cn/srcsite/A04/s7051/201701/t20170126_295715.html.

中共中央办公厅、国务院办公厅印发了《关于分类推进人才评价机制改革的指导意见》，科技部、教育部、人力资源和社会保障部等五部委正在联合开展清理"唯论文、唯职称、唯学历、唯奖项"的专项行动。但从调研情况看，高校教师队伍评价体系还没较好地体现出分类评价导向，人才评价的正向激励作用没有得到充分发挥，亟须通过深化改革加以解决。一是从评价观念和内容看，有些高校在教师队伍评价中有行政化、"官本位"倾向，"唯资历、唯论文、唯帽子"的错误评价导向明显，将教师资历、论文数量和人才称号作为评价的主要内容，在一定程度上忽视了高校教师的教育教学和工作贡献。二是从评价机制看，高校教师队伍分类评价不足、评价标准单一、评价手段趋同。调研发现，在不同层次、不同类型的高校和教师评价中，存在"一刀切""一把尺子"的现象，没有较好地体现高校的层次类型、教师岗位职责和人才层次。三是从评价周期看，部分高校心浮气躁、急功近利，人才评价周期过短、评价考核过于频繁，评价工作重显绩不重潜力、重结果不重过程，忽视了教师的成长发展规律。

　　扭转不科学的人才评价导向，破除"唯资历、唯论文、唯帽子"的顽瘴痼疾，需要从根本上解决评价指挥棒的问题。一是改革高校教师考核评价制度，建立以成果质量和实质贡献为导向的评价体系；建立对高校教师多元化工作方式和成果形式的认可机制，加大教育教学成果的评价权重，综合反映教师在教书育人、科学研究、社会服务、咨政建言等领域的业绩和贡献；实行代表作评价制度，建立以同行评价为基础的业内评价机制，发挥学术委员的实际作用，克服质量把关不严或唯论文的倾向，强调成果实际影响和综合效应。二是建立分类评价、差别化评价体系；坚持分类指导与分层次评价相结合，将高校教师按照教学为主、教学科研为主和社会服务为主等进行分类，采用分类、分层次、分学科的评价内容和评价方式。三是简化人才评价程序，科学设置人才评价周期；改进管理服务方式，简化评价环节和程序，充分激发教师的创新创造活力，减少各类项目检查、课题评估、结果评价，让教师少填表、少跑路、少交资料，为教师潜心教书育人创造良好环境；探索实施聘期评价制度，突出中长期目标导向，适当延长基础研究人才、青年人才等评价考核周期，注重过程评价和结果评价、短期评价和长期评价、定性评价与定量评价相结合，鼓励持续研究和长期积累。①

五、完善高校教师地位和待遇保障

地位和待遇保障是加强高校教师队伍建设的题中之义，也是确保高校教师全身心投入工作的"定心丸"。面对新时期高等教育改革和教师队伍建设的新形势、新任务，完善高校教师地位和待遇保障也面临着新挑战和新问题。一是与高等教育改革对教师队伍的迫切需求相比，教师特别重要的地位没有得到切实体现。调研发现，有些地方和高校政策落实不到位，对教师队伍建设的重视停留在口号上，实实在在的行动不多。二是与高等教育发达国家相比、与我国高等教育大国的地位相比、与广大教师的工作付出相比，教师的社会地位还需要持续提高，薪酬福利还有较大的提升空间，配套保障还应加强。同时，在经费使用上，有些高校经费支出结构不合理，用于硬件的支出多、用于教师队伍的支出少，教师获得感不强、满意度不高。三是广大中青年高校教师面临发展压力过大、整体待遇较低的问题。中青年高校教师多承受来自基本生活、住房保障、子女受教育等方面的较大负担和压力，有些刚入职的青年教师终日为生计担忧，不能专心从教，专业发展和职业成长只能被动地服从现实生存需求。

加强高校教师队伍建设，需不断完善教师地位和待遇保障，增强高校教师职业的整体吸引力，真正高校让教师成为令人羡慕的职业。一是综合提高教师政治地位、社会地位和职业地位。坚持把教师工作置于高等教育事业发展的重点支持战略领域，优先谋划教师工作，优先保障教师工作投入，优先满足教师队伍建设需要，要求"一把手"抓教师队伍建设，熟悉教师、关心教师、研究教师。以"四有好老师"为基本准则，系统建立高校教师国家荣誉制度，鼓励社会团体、企事业单位、民间组织对高校教师出资奖励，重塑尊师重教的社会风尚。二是深化高校教师收入分配制度改革，使教育投入更多地向教师倾斜。建立以增加知识价值为导向的收入分配机制，由高校在核定的绩效工资总量内

---

① 中共中央办公厅　国务院办公厅印发《关于分类推进人才评价机制改革的指导意见》[EB/OL]．（2018-02-26）[2022-05-10]．https://www.gov.cn/zhengce/2018-02/26/content_5268965.htm．

自主确定收入分配办法[①]。建立多元化的薪酬制度，用年薪制、结构工资制、协议工作制激励高层次人才、编制人员、合同制人员协调发展；建立岗位绩效考核与奖励制度，完善教师收入分配激励机制，以奖励实际贡献为导向，有效体现教师工作量和工作绩效，加大对各类业绩的奖励力度。三是多措并举提高青年教师的待遇，让其安心从教、热心从教。提高青年教师的工资性收入，通过人才津贴制度合理提高青年教师的待遇。将青年教师住房保障纳入政府住房保障工程，按比例提供面向高校青年教师的廉租房。着力解决青年教师生活困难和子女受教育难的问题，让其过上体面的生活，专注于本职工作。[②]

第三节　优化教师引育服务链

世界高等教育现代化风潮分头共进，高等教育开拓创新与追求"卓越"日趋强劲，无论是国家层面还是高校层面，对掌握先进知识技术、具备超强能力人才的需求急剧攀升，并始终把人才队伍建设放在战略高度，尤为重视引才引育工作。任何一个管理系统和组织要达到一种整体而优化的功能与效益，都必须重视人力资源的活力和潜力。[③]在"双一流"建设中，高校面临着来自外部顶尖外资企业、国内一流企业的人才竞争，以及高校之间人才无序竞争下的"削峰填谷""马太效应"和内部人才管理中引才规划不足、程序不规范、机制不完善等问题。如何探索更新、更快、更特、更优的人才引育策略，持续引进、融合、用好和留住急需的人才，已成为高校发展的当务之急。"引、融、用、留"是贯穿高校引育工作始终的重要环节，引进是前提，融合是基础，效益是根本，稳定是关键，四者相互联系、相互作用，唯有遵循整体性、系统性、相关性和有序性原则，达到长期目标和短期目标、外部引进与内部开发、规模效益与质量效益、流动和稳定的辩证统一，从高校引才的精准度、引育的和谐度、

---

① 中共中央　国务院关于全面深化新时代教师队伍建设改革的意见［EB/OL］.（2018-01-20）［2022-05-10］. https://www.gov.cn/zhengce/2018-01/31/content_5262659.htm?tdsourcet ag=s_pcqq_aiomsg.

② 景安磊, 周海涛. 加强高校教师队伍建设的关键任务和路径探析［J］. 国家教育行政学院学报, 2019（3）: 48-52.

③ 于毓蓝. 培养与引进: 高校人才资源集聚路径解读［J］. 扬州大学学报（高教研究版）, 2006（6）: 24-26.

预期的达成度、效用的持久度出发,顶层规划、点面结合、多措并举、统筹落实,方能实现高校引才工作"引得准、融得紧、用得好、留得牢"。

一、精准度:引得准不准?

人才引得准不准,要看高校能否找到最适合本校发展需要的人才,教师个体是否能找到充分实现自己价值的平台,共同达到对接无缝化和效益最大化,既实现教师个体的发展,也保证高校长远发展。人才是一种战略性资源,高校引进人才无疑是一项战略投资,引才的精准度直接决定了高校人才管理效益和人才队伍可持续发展。当前,在一些高校的人才引进工作中,存在引进计划与实施效果出现偏差、成本与收益失衡、人才与岗位匹配不当、人才甄别出现失误、人才流失加剧、学术失范等问题。[1]比如,一味地强调人才引进数量多、规模大、层次高,有的"为引才而引才",有的为"装点门面",最终引才成为"形象工程""政绩工程",陷入"表面文章""无序竞争""盲目攀比""求高求尖求精"的怪圈,有违"以我为主、为我所用"的初心,难以实现为"用"而"引""靶向引才""只引对的、不引贵的"的目标。实践中,在新的高校和学术平台上,一部分引进的人才获得了更好的发展,但也有少数人才难以找到准确的发展定位和适宜的科研土壤,从而成为"学术孤岛"。[2]

人才引进不仅仅是为了解决当前的问题或填补空缺岗位,更应该是确定合适的人选,助力高校厘清学术发展思路,并有效引导人才沿着既定方向继续前进。[3]高校应不断提高引才的精准度,聚焦高校的办学目标与发展战略,结合人才队伍建设、学科专业建设需求,从优化学科结构、年龄结构、学缘结构、学历结构出发,科学地制定具有战略性、合理性、可操作性的中长期人才引进规划。在理念上,改变重"显绩"轻"潜绩"的人才发展思路,用可持续的发展理念统筹规划人才发展战略,实施继任计划,并重视道德在声誉风险管理中的作

---

[1] 范冬清. 大学高层次人才引进风险:影响因素与对策建议[J]. 高等教育研究,2014(6):39-45.

[2] 姜朝晖. 高校人才合理有序流动:理论之维与实践之径[J]. 高校教育管理,2017(5):7-12.

[3] 范冬清. 大学高层次人才引进风险:影响因素与对策建议[J]. 高等教育研究,2014(6):39-45.

用，使高校成长为"精明的选择者"，产出有助于可持续发展的纳才效能。在标准上，高校应自觉矫正人才引进中"数字化"而非"结构化"的偏差，建立高校人才变化预警机制，动态监控高校人才结构的变动，实时监测人才与高校发展需求的匹配度。在方式上，高校应摒弃"人才引进是万能钥匙"的盲目认识，引进人才时需要量体裁衣，力争"一院一策""一才一策"，哪些领域、哪些部门、哪些专业需要人才，要客观评估、分别判断，不能模糊含混、一概而论。

二、和谐度：融得紧不紧？

从本质上而言，高校的人才引进并不仅是教师本身的引进，从知识维度看，更是一种知识、思想和技术的引进，由不同教师带来的区域文化、学术风格和科研氛围发生思想火花碰撞而进行融合创新，从而带动人才队伍整体素质的提升，此为人才引进的核心所在。[①]高校能不能在短期内提升"增量"水准、优化"存量"内涵，取决于人才引进之后的融合问题。高校必须平衡好外部人才引进和内部人才培养的关系，促进来自不同区域、不同学术背景的人员相互"激荡"，达成人才融合的叠加或乘数效应。当前，一部分高校的引才工作成效最终在外部引进和内部培养的融合上大打折扣。比如，存在人才"引进"和"培养"协同配套机制不健全、"两支队伍"互补与共同提升制度设计不科学、支撑体系不完善等问题；在理念上，由于引进人才周期短、见效快，而人才培养周期较长、见效较慢，一些高校"重引进、轻培养"，急功近利，在人才队伍中造成负面影响，出现功利化、物质化、短期化的倾向；尤其是有的高校引进有显赫头衔的学者后，并未见学校整体学术氛围、教学氛围有明显好转，同时还伴随学术权威之间的互斥、同质人才的边际效用递减、管理成本增加等现象；一些对内外部人才的差别化待遇，斥巨资引进高端人才，导致"赢者通吃"，破坏了人才平等竞争的环境，致使校内青年教师的成长空间受抑、归属感减弱，或者引进外部人才、流失内部人才，难以形成"增量"与"存量"人才高度融洽的局面。

从国家创新驱动发展战略来看，高校不仅要善于引进高层次人才，而且高校本身要成为科技创新的"温床"，重视"土著"人才的培养，走自我驱动的特

---

① 罗晓雯，李化树. 高校人才合理流动研究［J］. 湖北第二师范学院学报，2017（5）：93-96.

高等院校治理初论——内部治理体系与治理能力现代化分析

色发展之路。人才引进之后,"引才"与"育才"之间的融合创新、和谐发展是高校改革和发展过程中的核心环节,通过人才队伍数量"集聚化"与来源"多样化",高校更有效地将引进人才与现有师资队伍融合起来,这样可以达到"1+1＞2"的人才融合效果。高校应以高品质的"选"有效推动"育"的发展,实现人才队伍和谐共生、科学融合、可持续发展。当前,如何科学地提升和激发人才"增量"水准,优化和盘活人才"存量"内潜?高校必须立足于学校师资队伍整体素质的培养,从制度的科学设计和系统创新出发,建立引进人才和本校人才平衡发展的机制,制定两套不同但互通"立交"的职务晋升与考核机制,让"存量"人才能够参与到原本为"增量"人才设计的晋升与考核体系中,并在成功通过考核后,获得与后者同等待遇的机会。值得注意的是,实现"引才"与"育才"之间的简单和谐不是引才的目标,更不能为了"和谐"牺牲"竞争"。要遵循科学性与系统性、公平性与效率性、支持性和适应性等原则,构建科学、公平的激励机制,发挥有效激励在人才"存量"与"增量"之间的"牵引"和"平衡"作用,共同营造融合共赢的组织文化与公平公正的竞争环境。此外,人才的"引"和"育"并不完全对立,人才"引进"是相对的概念,"引进的"人才随着时间的推移也会成为"培养的"人才。实际上,伴随人才引进的年轻化及重心下沉,多数引进的青年拔尖人才仍需在高层次人才的"培养"下不断成长。

三、达成度:用得好不好?

高校在引进人才后面临的关键问题,主要在于如何提升人才的"学术生产率",弘扬人才的学术道德与职业精神。著名管理学家彼得·德鲁克认为,组织的目的是使平凡的人做不平凡的事,而人力资源管理可帮助组织实现目标,有效利用劳动者的技能,提供训练有素和积极肯干的员工,使员工的工作满意度和自我实现最大化。[1]哈佛大学的相关研究显示,在缺乏合理使用和有效激励时,人才的开发效益仅仅能发挥 20%~30%;而在科学、合理使用和良好激励下,人才的开发效益能发挥至 80%~90%,这充分证明了合理使用人才的重要

---

[1] 彼得·德鲁克. 管理的实践[M]. 齐若兰,译. 北京:机械工业出版社,2018:146-148.

性。①在"双一流"建设中,一些高校对于人才的争夺接近白热化,人才引进"重声誉、轻实效",过于强调人才的价值利益,忽视了人才的奉献与学术追求;不重视投入-产出比,不计成本、不讲效益的人才引进不可持续;不算"经济账",以"帽子"给人才定高价、以学术产出给人才定低价,还不乏"闲置不用""大材小用""另作他用"问题,以及一些高校"引后不管"或"管不到位",形成了明显的"一头热""一头冷"现象,引发高校内外一些非议,致使出现人才"溢出"。实践中,一些东部发达省市的高校以"天价"薪酬待遇从中西部地区高校"挖走"高层次人才,导致人才流失高校损失严重,人才引进高校却由于科研条件、学术平台和文化环境等不匹配,致使有些人才在学术创新方面难以有新的突破,人才引进的无序竞争演变成"双输"甚至"三输"的局面,有违"双一流"建设的目标和精神。②

一般来看,收益大于成本的预期是人们行为的基本出发点,因而也是人类社会的首要理性原则。高校人才引进工作必须进行人力资本核算,对引进人才所能产生的效益进行核算,分析人才的投入-产出比,旨在以有限的投入获得最大的效益。③高校引进的人才,尤其是高层次人才效用能否最大限度地发挥,取决于适度的物质资本和科学的制度空间。高校引进人才只是整个"筑巢引凤"过程的第一环节,而更为关键的是必须凸显"柔性"、体现"人性",获取、保持和有效使用人才,建立健全"用好"人才、使人才脱颖而出的一整套动力机制,即全方位关注引进人才的可持续发展,精心创造适合人才工作的"硬环境"和"软环境",将高校打造成人才集聚的高地、学术的圣地、成才的沃土。一方面,不断优化人才服务保障措施,完善住房、保险及医疗保障、落户、家属就业、子女就学等系列优惠政策和便捷举措,切实帮助引进的人才排忧解难,为引进人才提供全方位、个性化、精细化的服务。另一方面,坚持创新人才管理模式,完善"让想干事的有机会、愿干事的有舞台、干成事的有回报"的用人机制;坚持创新科研管理模式,充分发挥高层次人才作为学科带头人的领军作用,建立开放、流动、竞争、协作的科研机制,形成"引进一个、带动

---

① 邱峰. 从人力资源管理谈高校人才引进工作 [J]. 人力资源管理,2012(2):98-99.
② 杨岭,毕宪顺. "双一流"背景下大学高层次人才流动的失序与规范 [J]. 社会科学家,2017(8):130-135.
③ 喻春红. 高校高层次人才引进的风险及预防 [J]. 教育理论与实践,2011(36):14-16.

一批、激活一片"的学术效应；坚持创新人才使用模式，充分发挥现代化的多模式通信手段、实用的遥感技术和远程会议设施的作用，建立健全国际化高层次人才"两栖"或"三栖"的工作方式。

四、持久度：留得牢不牢？

正如耶鲁大学名誉教授迈伦·热内尔（M. Genel）所言，科学家是一个流动的专业阶层，哪里有支持，他们就会去哪里。[①]高校吸引人才的关键并非仅仅在于优越的办学条件、丰富的学术产出，更为重要的是让"学术优先"成为高校人才涌入和扎根的文化环境。聚焦于高校的长远发展，设计"引才""留才"的可持续性制度化环境，尤其是持久性地发挥引进人才的个人效益和人才队伍的整体效益，不仅是人才队伍建设的前提，也是增强高校学术发展活力与动力的基础。当前，一些高校由于自身不具备留住高层次人才的综合环境，在激烈的竞争中再次成为人才的"流失地"。实践中，一些高校缺乏科学的合约、薪酬、制度规范人才流动；缺乏宽松、自由、具有包容性的学术环境，以及良好的工作环境和生活环境，导致"重许诺、轻兑现"等现象时有发生，让有些人才"凉了心"；高校引才环境"不接地气""水土不服"现象频现，以至于"引进"费时费力、"流失"悄无声息，对于学术不端、不能正常履约的教师，缺乏有针对性的退出机制。尤其是在当前"双一流"建设背景下，无序人才流动带来的零和博弈甚至负和博弈问题，与高等教育强国建设和高校"双一流"建设战略相悖，在人才竞争中产生垄断、外部性、"公地悲剧"等现象；"权宜之计"驱动或"制度失灵"所致，经常出现一边人才引进、一边人才流失，引进的人才留不住、用不久等问题。

"人才是候鸟，他们需要基本的食粮，但更重视精神气候；越是高级人才，他们对这种精神气候的敏感性越强。"[②]从理性人的角度看，在完全的学术人才市场环境下，人才对于学术的忠诚度要高于对组织的忠诚度，如果有更好的学术平台，他们更倾向于选择流动。在高校人才队伍建设中，精准引才、紧密融合、预期达成、持久效用，各高校之间允许和保持适度、合理的人才流动，各

[①] 转引自刘永林，周海涛. "双一流"建设下人才引进的"四个度"[J]. 研究生教育研究，2018（4）：66-69.
[②] 戴联荣. 大学生态的评价理念[J]. 高等教育研究，2005（6）：22-27.

第六章　高等院校教师发展与人才服务

美其美、美美与共，才是高等教育人才队伍系统应有的生态。①高校文化作为一种非正式制度，是高校人才引进制度建设的核心，是提升人才忠诚度、培育理性与契约精神的重要条件，成为引进人才认同高校、心系高校、扎根高校的根本。当前，在人才管理模式上，高校要将人性化管理理念融入人才管理的各个环节，注重人的差异性、层次性，强调人的不同需求，突出人的主体性和能动性；在人才评价模式上，实现从目标管理向过程管理转变，从年度考核向聘期考核转变，从单纯的数量评价向质量结合的评价转变，从总结性、奖惩性评价向形成性、发展性评价转变。高校要探索共同建立人才流动协商与补偿机制，引入类似运动员俱乐部之间的"转会费制度""奢侈税制度""工资帽制度"②；建立健全高等教育人事仲裁机构，对于违规引才、无序流动予以规范，保护高校人才和高校组织双方的合法权益。此外，对于引进的国外高层次人才，高校还可以考虑建立国外高层次人才的缓冲基地，建立与国际接轨、向国内过渡的人才学术创新环境。③

---

① 姜朝晖. 高校人才合理有序流动：理论之维与实践之径[J]. 高校教育管理，2017（5）：7-12.
② 郑伟涛. 加强高校人才流动规范化建设[J]. 中国高等教育，2017（5）：11-13.
③ 刘永林，周海涛. "双一流"建设下人才引进的"四个度"[J]. 研究生教育研究，2018（4）：66-69.

· 175 ·

第七章
高等院校氛围营造与文化传承

氛围营造在高等院校治理中既是目标又是手段,文化传承在高等院校治理中既是重要职能又是保障条件。在高等教育治理过程中,高校应彰显担当社会责任的文化使命,促进形成创新发展的文化生态,厚植育人文化。

第一节 担当社会责任的文化使命

当今世界此起彼伏的政治、社会、经济、生态、思想等方面的危机，在某种程度上是人类良心、道德、信仰和精神的危机，实际上是社会责任缺失的危机。为什么会这样？因为有良心、讲道德、崇信仰、尚精神，需要有所敬畏、自我节制；但是，如果没有了良心、道德、信仰和精神，全人类的发展将遭遇成本和代价最大化的阻碍。无良心就无公平，无道德就无正义，无信仰就无秩序，无精神就无希望。毋庸置疑，我们都期待着大学能够培养出更多富有社会责任感的良知典范、道德标兵、信仰精英和精神贵族。

一、大学担当社会责任培育使命由来已久

从历史发展看，大学担当社会责任并非始自近代，而是古已有之。19世纪，英国著名高等教育思想家约翰·亨利·纽曼（J. H. Newman）认为，如果高校的目的是科学和哲学发现，我不明白为什么大学应该拥有学生。[1]教书育人显然是高校的职责。在同一世纪，德国洪堡创立的柏林大学演化出了教学与科研相结合的理念，科学研究的地位日显重要。20世纪初，美国著名的威斯康星思想使大学担当社会服务站的角色备受重视。

（一）大学社会责任的"一本多元"

大学社会责任体现出"一本多元"的特征。大学首要的社会责任在于人才培养，科学研究、社会服务和文化传承创新是大学的重要责任。教学、科学研究、社会服务和文化传承创新是大学担当社会责任的职能，而教学育人、科研育人、实践育人、文化育人都是大学培育社会责任的有效方法。这些方法服务于人才培养这一根本目的，可将其看作大学的过程责任。

（二）人才培养责任的"双核多极"

大学的历史是一部履行社会责任的历史，人才培养是大学最重要、核心的

---

[1] 约翰·亨利·纽曼. 大学的理想（节本）[M]. 徐辉，顾建新，何曙荣，译. 杭州：浙江教育出版社，2001：1.

履行社会责任的方式。人才培养是全方位的、立体的,是实施全人教育的过程,呈现出双核并立、多极支撑的"双核多极"格局。"双核"指的是大学生的个性发展与社会责任,而"多极"则是强调大学生在德、才、情、志等多方面发展。人才培养整个过程在帮助学生实现个性发展的同时,也引导学生积极履行社会责任,目标是要塑造出全面发展的"全人"。

当代高校面对着物质丰裕、消费便捷和急功近利、重利轻义并存,精神丰富、自由多元和道德式微、价值扭曲伴生的时代挑战,高等教育育人目标模糊、模式单一、方法简单、内容滞后等问题亟待解决,高校需要在比较交流中形成责任共识,在反思检讨中承担责任使命。

二、社会责任培育的国际经验和特点

尽管世界各国高校的历史背景不一、文化传统各异、目标定位有别、途径方式多样,在社会责任培育上各具特色,但也显现出一些共性特征。

(一)将责任理念引导嵌入育人全程

第一,强调自我实现的同时,亦突出社会责任理念。高校将社会责任理念培育寓于学生发展过程。洪堡大学秉承哲学家们只是用不同的方式解释世界,而问题在于改变世界的理念,威斯康星大学践行服务社会、加强政府合作、促进经济发展、提高生活质量的使命,早稻田大学坚持"学问独立,培养模范国民"的目标,印度理学院在社会责任感的激励下组织学生活动以回报社会[1],南非开普敦大学坚信高校培育人才"直接、迅速地促进发展"[2],都体现了促进个体发展和培育社会责任的有机结合。

第二,养成企业家气质和创业精神。一些高校通过让学生参与经济活动,培养企业家气质和创业特质,将责任培育落到实处。斯坦福研究园区和"硅谷"模式,以及麻省理工学院的商业规划比赛,就是典型的范例。

---

[1] India Institute of Science. Students' Council [EB/OL]. (2012-10-06) [2012-09-28]. https://iisc.ac.in/campus-life/clubs-associations/#Students'%20Council.
[2] 新浪教育. 开普敦大学校长:大学有责任保护言论自由 [EB/OL]. (2011-04-23) [2012-09-28]. http://edu.sina.com.cn/gaokao/2011-04-23/1136293081.shtml.

（二）多途径提高学生的责任意识和能力

耶鲁大学前法学院院长克龙曼（A. T. Kronman）认为，大学是培养品性的地方，是培育智识与道德修养习惯的地方。[①]许多大学普遍重视提高学生的责任意识和能力水平。

第一，坚持服务型学习模式。服务型学习被誉为"21世纪早期高等教育改革与发展最重要的遗产"[②]，它将学习学术知识与社区义务工作相结合，通过参与不同的社区服务，培育学生的责任意识和能力。结合各自实际，一些大学又发展出了"社区服务型学习""混合服务型学习""跨学科服务型学习"等形式。

第二，开发"第二课堂"。英国大学提供 11 种（如冷漠的一代、平等与文化、环保公民、新媒体与公民等）为期1~2周的教学学习活动，促进学生对不同层面公民活动的思考[③]；美国大学提供既可融入传统的讲座和研讨会，亦可用于独立学习的选修课程。同时，多种形式的"第二课堂"为学生增强责任意识和能力提供了广阔的舞台。

第三，开设基础课程。印度理工学院甘地讷格尔分校为 2011 年新生引进了一门为期5周的"大学基础课程"。[④]开学之前，学校安排新生去城乡不同地方体验，提高学生对社会问题的敏感度，为使学生成为变革推动者做准备。阿根廷的布宜诺斯艾利斯大学出台新规，要求学生毕业前须进行至少 40 个小时的社区工作或进行与专业相关的免费教育工作，否则不能获得毕业证书。[⑤]

（三）培育全球关怀和跨文化理解的情感

第一，拓宽学生的国际视野。2002 年，美国大学联合会（Association of

[①] 克龙曼. 教育的终结：大学何以放弃了对人生意义的追求 [M]. 诸惠芳，译. 北京：北京大学出版社，2018：33.

[②] Corrigan R A, McDonald T, Eisman G S. Social Responsibility and Sustainability：Multidisciplinary Perspectives through Service Learning [M]. Sterling: Stylus Pub., 2011: xi-xii.

[③] Anderews R, Mycock A. Citizenship education in the UK：Divergence within a multi-national state [J]. Citizenship Teaching and Learning, 2007, 3（1）：73-88.

[④] Reddy S, Jain S K. Re-envisioning engineering education in India：IIT gandhinagar's foundation programme [J]. Current Science, 2018, 115（2）：217-221.

[⑤] 冯俊扬，宋洁云. 阿根廷：要想大学毕业先当社区义工 [EB/OL]. （2012-05-23）[2012-10-06]. http://news.cntv.cn/20120523/114486.shtml.

American Colleges and Universities，AAC&U）发起了国际公民教育行动，增强国际公民的责任感和跨文化胜任力。2006 年，聚焦于社会公平的"国际公民行动"在匹兹堡查塔姆大学发起①，以增加学生参与国际社会实践的机会。2010 年，印度孟买大学为培养"21 世纪的甘地式 CEO"，推出"当代联合行动新措施"（Mumbai University new initiative for joint action now，MUNIJAN）项目，以现代教育方式贯彻圣雄甘地的包容、大爱理念，让学生参与一系列建设性的社会活动，以促进社会的积极变革。

第二，强调学生的绿色环保责任。报告《2013 绿色光荣榜》（2013 Green Honor Roll）对美国 806 所高校进行绿色评级，哈佛大学、哥伦比亚大学等 21 所大学因在校园绿色文化、环保实践、学生环保意识培养、贡献绿色经济等方面的杰出表现而荣登榜首。②印度理工学院坎普尔分校提供多种环保责任培养的活动，如"绿色作品：能源节约竞赛"等。③

第三，培育女性等相对弱势群体的责任感。在注重全球关怀和跨文化理解的同时，牛津大学为女生专门开设"自信"课程，教会女生克服心理障碍，让女生变成自信、果断、勇于挑战的合格公民。④

（四）塑造学生的领导力和领袖精神

在哈佛大学，社交、口才和亲和力成为领袖的必修课，参与和竞选是最重要的事情之一。耶鲁大学将全球化时代的使命定位为美国培养领袖、为世界培养领袖。⑤在近 900 年的校史中，"领袖教育"使英国牛津大学培养了数位英国国王、多个国家的总统和首相、多位诺贝尔奖获得者。

---

① Chatham University. Benter initiative for global citizenship［EB/OL］.（2007-05-06）［2012-10-06］. http://billbenter.com/.

② Princeton Review names Green Honor Roll［EB/OL］.（2013-04-22）［2013-04-25］. https://www.usatoday.com/story/news/nation/2013/04/22/green-honor-roll-princeton-review-earth-day-2013/2103947/.

③ Indian Institute of Technology Kanpur［EB/OL］.（2012-10-01）［2012-10-10］. http://www.iitk.ac.in/.

④ 人民网. 英国专为女生开"自信课"［EB/OL］.（2012-05-18）［2012-10-16］. https://news.ifeng.com/c/7fcAsZqGdQe.

⑤ 理查德·雷文. 大学工作［M］. 王芳，等译. 北京：外文出版社，2004：114.

社会责任培育促进大学与社会达成双赢，特别是在国家和社会发展遇到危机时，这种作用发挥得更加淋漓尽致。冰岛前总统格里姆松（Grímsson）曾谈到，高等教育是其社会最伟大的变革推动者。在俄罗斯从苏联模式向现行模式的社会转变中，大学帮助公民确立民主观念，避免价值观冲突，还积极培育企业家精神，为梅德韦杰夫所倡导的"现代化的俄罗斯创新发展之路"提供有力支持。

与此同时，大学社会责任培育的成效也有待全面考察。美国大学联合会调查发现，师生对"社会责任培养的理念"强烈认同，但对其现状并不满意。[1]究其原因，一是教师避免将个人价值观强加给学生，或认为责任感属于天生特质[2]；二是作为高等教育学习成果的"社会责任"与大学一贯珍视的分析思维培养有所冲突[3]；三是不同大学在教学、科研和社会服务等方面的侧重点不同；四是社会问题的复杂性、社会责任的整体性与以学科或专业为基础的大学教学模式不完全适应。[4]这些问题都值得重视。

三、社会责任培育的中国历程与未来使命

百余年来，世界大学社会责任培育的中国文化元素随处可见，中国大学的国际视野未曾缺少，一直在努力培育学生承担社会责任。

（一）中国大学社会责任培育的发展历程

中国近现代大学自创生起，培养出一批批具有社会责任感、使命感的大学生。无论是在战乱年月中救亡图存，还是和平年代里追求复兴，这些大学生都

---

[1] Colby A, Sullivan W M. Strengthening the foundations of students' excellence, integrity and social contribution [J]. Liberal Education, 2009, 95 (1): 22-29.

[2] Hersh R H, Schneider C G. Fostering personal and social responsibility on college & university Campuses [J]. Liberal Education, 2005, 91 (Summer-Fall): 6-13.

[3] Colby A, Sullivan W M. Strengthening the foundations of students' excellence, integrity and social contribution [J]. Liberal Education, 2009, 95 (1): 22-29.

[4] Bandy J. Teaching Social Responsibility at Vanderbilt—A Report from the CFT's 25th Anniversary Symposium [EB/OL]. (2011-10-09) [2012-10-10]. http://cft.vanderbilt.edu/2011/10/teaching-social-responsibility-at-vanderbilt-%E2%80%93-a-report-from-the-cft%E2%80%99s-25th-anniversary-symposium/.

第七章　高等院校氛围营造与文化传承

表现出了强烈的社会责任感，在各时期、各行业中做出了应有贡献。

早在百余年前中国近代高等教育初创时，大学就没有将自身定位于逃避世俗、不谙世事的象牙塔，而是积极通过培养人才回馈社会，以扭转中华民族面临的危境。1895 年创办的北洋大学正是以"兴学救国"为创办宗旨的。该校创办伊始就适应当时的形势，在课程设置、教学内容、教科书、教学方法上，全面引进西方教育模式，全方位满足当时社会对工科人才的需求。①

近代大学不仅以知识和技术救国，还在一系列具有重大意义的历史事件中体现出一定的社会责任感。五四运动中，北京大学等的学生倡导"民主"与"科学"精神，担负起了引领时代潮流的社会责任。以国立西南联合大学和国立西北联合大学为代表的一大批高等院校，在培育学生成才和促进社会发展进步中的历史功绩，使之成为中国高等教育史上的光辉典范。

和平时期，中国大学仍牢记培育学生社会责任的历史使命。一大批高等学府正是在 20 世纪 50 年代应国家和社会发展需求成立的，这些院校在今天成为中国大学的主体，它们为各行各业培养人才，为经济建设和社会发展贡献才智。

值得注意的是，蔡元培先生曾提出军国民教育、实利主义教育、公民道德教育、世界观教育及美感教育的"五育"并举思想；当代中国的教育方针是要致力于学生德、智、体等全面发展，这在很大程度上与"全人教育"是相通的。可见，中国大学在促进学生全面发展、培育社会责任方面，与全球同人的理念通汇融合。

（二）中国大学社会责任培育的时代内涵

当前，中国社会处于转型期，社会发展既为当代大学提供了前所未有的机遇，也提出了新的要求，期待大学生在理想信念、知识能力、品德意志、开创精神方面卓越出众、健康成长。

第一，一个人拥有永不磨灭的希望和理想，方能成就伟业。个人的理想，既包括对自身成长和发展的远大构想，也包括对自身社会责任的担当；在成就自身的同时，还需要思考自己能为社会做些什么。个人与社会的关系，并非零和博弈

---

① 天津大学. 纪念建校 125 周年 "天大品格" 篇——"矢志创新"："为继起者规式" 的 "天大品格" ［EB/OL］.（2020-10-20）［2024-03-09］. https://www.tju.edu.cn/djw/info/1018/2688.htm.

· 183 ·

而是正和双赢，把个人事业同社会发展结合起来，更有利于实现自我价值。

第二，知识就是力量。缺乏知识和技能，我们将无法立足于社会，也无法担当社会责任。大学生作为拥有知识财富的年轻人，无论是个人发展还是服务社会，都是以发挥其知识优势为前提的，否则理想就会成为空想。

第三，高尚的品德是人生幸福的前提。人的全面发展目标就是成为"整全的人"。我们不仅要有知识，还要有高尚的品德。"大学之道，在明明德，在新民，在止于至善。"中国自古以来就非常重视德育，今天的"德才兼备，以德为先"仍在继承和发扬着先哲的思想。此外，实践中历练坚定的意志也不可替代。

第四，创新精神是适应社会急剧变革的必然要求。我们是以不变应万变，还是适应变化的挑战？当然是后者。只有创新型人才方能发展个性并担当社会责任。然而，创新型人才必须具备以创新精神和创新意识为中心的自由发展的个性，以及积极进取的人生价值取向和崇高的献身精神。由是观之，创新精神是一个人担当社会责任的重要精神支撑，其重要性不言而喻。

古语言"修身、齐家、治国、平天下"。一个人要担起"天下"或世界的责任，先要热爱祖国以找到归属感，而这又要以他对家庭负责为条件。我们若对家庭都担不起责任，又何谈对国家、天下负责？这又是以对自己负责为前提的。只有通过"修身"，才能逐步达到齐家、治国、平天下。"修身"就是全面发展，通过大学的全人教育和大学生的自我历练，塑造在理想信念、知识能力、品德意志和进取开创精神上全面发展的个体。

（三）中国大学社会责任培育的实现路径

胡适曾为"差不多先生"立传，提醒那些做事不认真、笃信"凡事只要差不多就好了"的人。今天，那种认为多多少少学学就行、随随便便做做就好的人依然存在；大学生中"差不多"的想法并不鲜见，"差不多"的做法并非少数。殊不知，即每一环节做到90%的程度，经过五个环节之后将跌入不及格的水平（$0.9 \times 0.9 \times 0.9 \times 0.9 \times 0.9 = 0.59049$）。如果一件事情不能够百分之百地尽全力去做，几件事情相乘，得到的是一个接近于零的结果，几近前功尽弃。为此，中国大学社会责任培育的使命，需要在多种途径上相互支撑，在多个层次上逐步落实。

第一，个性不消磨。若在大学教育中将个体功能和社会功能割裂，会导致个体和社会的冲突对立。大学教育的育人功能本来包括社会化和个性化两个方

第七章 高等院校氛围营造与文化传承

面,即大学教育的个体谋生准备功能也是在承担社会责任中实现的。好的个性是"化"出来的,全面发展的全人教育必在各环节促进学生造就、实现个性。

第二,责任不淡化。保护和创新知识文化,适应与引领社会发展,是大学这条"扁担"撑起的两端。走出"象牙塔"之形,坚守"象牙塔"之魂,推动社会进步是大学的历史任务。社会责任是"养"出来的,高校需要将责任理念的培育融入人才培养全过程,扩充课程的责任培育内容和比例,加大活动中的责任担当含量。

第三,教学不边缘。高校中"重科研轻教学""重知识能力轻责任精神"的现象普遍存在,知识洪流有时会麻木头脑,科学研究可能会冲淡责任培育,教学面临被边缘化的风险。高校应该融合教学和科研,促进知识能力和责任精神并重,形成一股合力,共同履行社会责任。优质教学是"改"出来的,高校需要重塑全面的人才培养目标,合理安排通识内容,优化探究式方法,确保教学居于大学各项工作的中心地位。

第四,实践不再远。办学理念和社会实践的脱节,会使高校的社会责任培育失去载体和场所。高校社会责任培育的最终落实依托于实践,融汇于科研成果转化、服务活动实施和文化的传承创新。善于实践是"练"出来的,高校需要重视并加强实践环节,为社会责任培育提供良好的环境条件。

第五,成长可持续。物质崇拜、享乐主义盛行的诱惑,一定程度存在的被动的、应景的、间歇的教与学现象,会导致高校的社会责任培育"碎片化"。良性的社会责任培育体现为成长的可持续,这既是社会发展的需要,也是自身发展的诉求。健康成长是"帮"出来的,高校需要营造良好的教育氛围,实施常态化、长效化的育人策略,帮助大学生主动、潜心、自觉地担当起社会责任。[①]

第二节 促进创新发展的文化生态

高校的环境氛围实际上是人才培养的基础,现在我们说的新基建,在高校主要表现为两方面,即硬基建和软基建。其中,软基建就是环境氛围,尤其是有利于创新人才发展的环境。

---

① 周海涛. 大学社会责任培育的历史嬗变、国际经验和中国探索[J]. 北京师范大学学报(社会科学版),2014(1):12-17.

一、时代使命

站在时代发展最前沿的是创新人才，其承担着重要的任务，能推动各个行业向前发展。高校的时代使命也不例外，第一要务是发展，第一资源是人才，第一动力是创新。实践证明，有一流的人才方能产出一流的创新成果，要想一流大学和一流学科又好又快地发展，需要优秀人才不断会聚。正如《淮南子·说山训》中所说："欲致鱼者先通水，欲致鸟者先树林，水积而鱼聚，木茂而鸟集。"人才竞争的核心是环境竞争，成就人才的环境比物质待遇更重要。从高校和社会的角度来说，实际上是要把大家的力量聚集起来创造物质财富，还要把大家的智慧聚集起来创造精神财富。这种合作不仅是为了培养和吸引人才，更是为了不断优化、共创有利于更好地推进文明进步的环境。硅谷创新之所以能够长盛不衰，就是因为形成了最具活力的创新生态系统。

（一）原始创新

目前，高校已进入新的发展阶段，表现为环境、条件、形势、机遇、危机、目标、方式变了。当我们处在跟跑阶段时，学习其他国家的经验可以少走甚至不走弯路；当处于并跑阶段时，前面没有现成的路，要靠基础研究来探路。着眼未来，"双一流"建设更关注基础研究的原始创新，探索前人没走过的路，像中国的"新四大发明"——高铁、扫码支付、共享单车和在线购物取得成功的同时，更关注那些需要长期积累才能取得进步的领域。

基础研究需要长期稳定的支持，高校要营造宽松的创新氛围，让科研人员能够免除后顾之忧，坐得住"冷板凳"，拥有稳定的研究方向。现代科研涉及众多领域，对于工程建设、文理科基础研究等特征不同的科研领域，高校在考核机制上应该加以区分，给青年人才创造必要的上升渠道，为建设创新型国家贡献力量。

（二）颠覆式创新

当前，一些高校存在创新生态不强、创新链分工不细、创新风险投资不足以及原创性和高科技领域明显落后等问题。关于如何创新的问题，从科研影响力来看，一类是解决问题、填补空白，处理前人留下的重大问题和猜想；另一类是开发新学派，创立新概念，开辟新方向。未来，高校应促进创新生态链的

第七章 高等院校氛围营造与文化传承

建设和完善，特别是应该在关键领域具备颠覆式的创新实力。

要想实现颠覆性创新，就要有"十年磨一剑"的精神，进行长期科学技术积累，并强化人才、资金等资源优势。人类最大、最牢的"监狱"是思维意识，我们要有创新引领的理念和敢于颠覆的勇气，营造适合创新的文化氛围。政府、高校和社会应提供公平、自由竞争的人才环境，为培育一流人才营造良好的生态，为颠覆式创新厚植土壤。

（三）核心技术创新

从创新形态上看，我国有很多高校在进行行业模式创新，而其他国家则有很多高校在进行核心技术创新。从科学问题类型看，一类是"为什么"的认识世界问题；另一类是"怎么办"的改造世界问题。"双一流"建设是创新强国战略的重要措施，除了进行行业模式的创新外，进一步加强核心技术创新，二者应有机结合起来，从而优化创新生态，促进重大创新成果不断涌现，既要继续加强行业模式创新，又要大力推动技术创新。国家支持"双一流"高校的创新发展，包括一些在技术创新上大力支持。基于大数据和互联网的"创新创业"（双创），能够为各个领域和行业的创新发展持续提供原动力。

2021年，习近平总书记在《求是》杂志发表的文章《努力成为世界主要科学中心和创新高地》中提出，"要牢固确立人才引领发展的战略地位，全面聚集人才，着力夯实创新发展人才基础。创新之道，唯在得人。要创新人才评价机制，加快形成有利于人才成长的培养机制、使用机制、激励机制、竞争机制，形成天下英才聚神州、万类霜天竞自由的创新局面"[1]。

二、突出问题

在现实中，高校人才培养创新发展还存在一些短板和弱项，具体如下。

（一）喜忧参半的引才风潮

现实中"海归"找工作通常被视作引进人才，而"本土培养"人才则一般

---

[1] 新华社.《求是》杂志发表习近平总书记重要文章《努力成为世界主要科学中心和创新高地》[EB/OL].（2021-03-15）[2022-05-06]. https://www.gov.cn/xinwen/2021-03/15/content_5593014.htm.

·187·

通过常规的途径求职，存在待遇不同等张力和冲突。一些被"双聘"的人才虽然名义上属于某个单位，但他们并不经常在单位内工作。这种情况在一定程度上反映了一些国内单位对于声誉的追求，同时也暴露出国内学术环境仍有待成熟、存在行政化倾向等问题，亟须改善学术氛围，为所有人营造公平、和谐的发展环境。

（二）无形羁绊的固化机制

机制是否灵活、高效，决定了高校人才生态系统的软环境和人才的长远发展。官本位的行政系统和管理理念，撕裂了人才价值观；对二级主体过度干预，暖心贴心服务少；科研立项、评审、验收、经费管理机制僵化。创新发展最宝贵的是人才，人才的利用体现在时间上。频繁填表、开会等过多的非学术事务影响了学术生产率，一些高校的支持方式（经费支持）单一，培养培训配套政策不完善，短期项目（入职项目、启动项目）、指定项目多，稳定支持的长效性、导向性不够，只能为获得项目而申请。

（三）盘根错节的人际关系

人际关系涉及教学科研人员之间的内部联系，以及他们与外部环境的关系，这些关系构成了影响人才发展的重要环境因素。人才选拔的"潜规则"，影响了拔尖人才的培养；学缘结构产生了重要作用，不同地方的学术渊源在相互碰撞中产生活力，外来人才存在"水土不服"现象；论资排辈、求全责备的陈旧观念仍然存在，即对人不对事，青年人才难以脱颖而出；因研究领域、研究资源、人才聚集而形成的"学术孤岛"，阻碍了新人的进入，内部之间、内部与外部之间交流不畅。

有的高校纵向层级多重交叉、横向部门间权责不清、部门内部权责不清，导致一些教师无心学术、为学不为，从而带来内耗，最终结果是耗掉心情、动力。

（四）缺少公平的激励环境

激励是加快事业发展，促进人才成长的有效手段。学术资源分配过度集中，太多资源集中在少数人身上，会导致资源配置的不公；重复资助，形成"帽子链"，行政职务、学术帽子、社会头衔等影响了资源配置；项目和信息获取不对称，"拼位子"的现象依然存在，近水楼台者总能先得月。

"名师出高徒""将门出虎子""学术近亲繁殖"在形成高水平的学术团体的同时,也制约了高校教师学术竞争力和自主创新能力的提高。此外,在评价激励方面,存在人才分类评价不足、评价标准单一、评价手段趋同、评价社会化程度不高、评价周期过短等问题。

（五）捉襟见肘的发展空间

发展空间是吸引人才的关键因素,一些高校在这方面还存在不足。在职称晋升方面,渠道不畅通,产生集体焦虑;存在唯学历、唯职称、唯论文倾向。在发展保障方面,项目支持不够,资金使用效益不高,人才使用不合理,人才的能力无法得到充分发挥;人才发展与经济社会发展融合不够。重引进、轻培养,引进人才周期短、见效快,而人才培养却周期较长、见效较慢。人才引进偏离真实需求,缺乏对学科领域、数量和层次的摸底调查,无法达到人才与高校发展同频共振。缺乏"领头羊"和团队,缺乏线上、线下的平台支持。

（六）被动从众的主体意识

诸多高校存在认识误区,认为"双一流"是重点大学和学科的事,普通大学和学科是配角,只要入选"双一流"建设,便能高枕无忧几十年;"双一流"建设主要是学校管理者及优秀人才的事,与普通教职工的关系不大。非"双一流"高校、非"双一流"学科、非管理者的参与感不强。

同时,一些高校以争创或保持"双一流"为目标,特定化使命有待彰显,"双一流"建设概念化,存在为"双一流"而"双一流"的现象;使命教育、理念管理乏力,共同愿景与师生言行脱节;有的无明晰、深入人心的共同发展理念;愿景与实际行动脱节,没有直接的因果关系;校内"地气""人气""生气"不足。这些都是影响高校发展的重要因素。保持高校的活力,既需要有良好的状态,也需要有实际的成果。在这个过程中,要有主体意识,需要有共同使命和愿景。

三、思考建议

在人才引进方面,真正实现干得好、上得去、留得住、愿意来,需要高校做到以下八个方面。

（一）坚定人才立场

院校治理最终是人才立场，为人才发展、靠人才共建、由人才评判。实现院校治理归根到底是解决好目标价值怎么定、实践路径怎么走、最终成效怎么看的问题。一是为人才发展。为人才谋利，将人才的诉求作为风向标，满足人才日益增长的需要，实现人才根本利益最大化。二是靠人才共建。一切依靠人才，从人才中来、到人才中去，让广大人才群体成为"双一流"建设的筑梦者、追梦人。三是由人才评判。工作价值导向准不准、决策部署对不对、成效结果好不好，人才最有发言权。高校应把人才赞成不赞成、高兴不高兴、答应不答应作为衡量人才引进工作成败得失的根本标准。

（二）牢记服务理念

高校要牢记一切为了人才、为了一切人才、为了人才一切的服务理念。全心全意为人才服务，需要明确服务精神、服务对象、服务内容。一是一切为了人才。人才利益是"双一流"建设的根本出发点和落脚点，高校应做到察民情、接地气，倾听人才呼声、反映人才诉求、回应人才关切。二是为了一切人才。高校要落实以人才为中心的发展思想，使发展成果更多、更公平地惠及全体人才。三是为了人才的一切。新的历史起点，高校要努力让人才享有更加幸福安康的生活，使其平等参与、平等发展的权利得到充分保障，促进人才的全面发展。

（三）强化主体意识

内化于心，外化于行。高校要激发主体意识，克服被动消极状态，使个体或组织能够主动参与、主动提升，做到人人都是主角。一是将学科使命内化于心，确定清晰、有力的愿景或使命，驱动全员为之奋斗，建立开放、透明的信息公开系统，提高各类决策的参与度。同时，建立客观、公平的成果评价方式，激励学校主体的工作积极性。二是引导所有"高校人"成为新主体，协同治理，共促院校发展。三是引导所有师生成为"双一流"建设的监护人，外化为自觉行动。四是培育主人翁意识，使个体能够实实在在地做好岗位任务，维护岗位边界，争取好的环境。组织成员成为工作的主人，但不能成为岗位的主人，应具有岗位监护人的意识。例如，教育学的岗位监护人需要拓宽教育学的培养条

第七章　高等院校氛围营造与文化传承

目、培养路径，以使教育学更好地顺应时代的发展要求，适应社会的需求。

（四）降低发展成本

在思路上，高校要改变重管理、轻服务的工作思路，构建"服务性管理"，营造一流生态，构建全方位、全周期的人才服务体系。在体制机制上，强化学校的人才宏观管理、政策制定、公共服务、监督保障等职能，消除对二级单位的过度干预；建立全方位人才跟踪服务机制，了解并满足不同个体的需求和实际困难。在方式上，实现层级的优化、过程的优化、程序的优化。在行政管理上，高校要进一步实现非专业会议的次数少一点，项目审批的流程减一点，部处服务全一点，办事流程少一点。

（五）简化人际关系

高校要构建"清""亲"的管学关系，取消"打擂台"环节、打造学术共同体，给予其宽松、长期的软环境和政策保障，把真正能干的人团结起来；处理好外部引才和内部培养的关系；立足于学校整体师资力量的培养，充分尊重和肯定校内教师队伍的贡献，发挥好外部人才对内部人才培养的带动作用；让内部人才尤其是青年内部人才"吃香"；挖掘校内优秀青年教师的潜能，支持青年教师独立开展研究项目，改善他们的住房、子女受教育等生活工作条件。

（六）营造公平环境

高校要建立合理的人才流动机制，提高人才横向和纵向流动性；清除阻碍人才流动的制度障碍和政策壁垒，尊重人才基本的自主选择权；畅通人才信息上的互惠共享，保障人才供求渠道。同时，实行以增加知识价值为导向的分配政策，以岗位职责、实际贡献、任务成果等为评价标准，使人才收入与其创造的科学价值、经济价值、社会价值紧密联系。另外，高校要分类建立体现不同岗位、不同层次人才特点的评价机制；营造求真务实、鼓励创新、宽容失败的评价氛围和环境；科学合理设置评价考核周期，克服评价考核过于频繁的倾向。

（七）打造联动平台

高校要组建一流的学科领军人才和团队发展战略联盟，构建科学的人才梯队优化人才结构,搭建人才交流发展平台,完善人才资源共享合作机制;建立人才工程项目信息管理平台,推动人才工程项目与各类科研、基地计划相衔接,使各类人才各尽其能、各展其长、各得其所;依托大数据、智能化、移动互联网和云计算等手段,搭建人才的虚拟网络平台,鼓励人才项目间协同攻关,发挥人才的正向带动效应。

(八)厚植合作文化

高校应坚定共识,明确使命;共担责任,人人出智、出力、出时间、出资源;坚持共创,真正充分发挥每个人的优势,实现使命驱动的协同联动;共享声誉、薪酬、信息、资源、智慧等,共同构建一个充满活力、高效协作的创新生态环境。高校要厚植合作精神,形成对等共决的治理文化、学生至上的教育文化、追求卓越的创新文化、自下而上的组织文化以及开放合作的业务文化。

第三节 蓄积教育共同体的文化土壤

"双一流"建设启动实施后,中央和地方相继出台重点建设政策,引领高校进入高质量发展的新时期。高校在高质量发展过程中面临一些现实困境和内涵建设动能不足的问题,需形成激发教育共同体新动能的文化土壤。

一、高质量发展的现实瓶颈

"双一流"建设全面推行以来,各高校不断探索中国特色的强校之路,致力于提升高等教育综合实力和国际影响力。从实践看,一些地方的旧动能力道不减,新的发展动能有所抑制,主要体现在使命感有待强化、制度活力有待增强、参与度有待提升三个方面。

(一)使命感有待强化

从外部看,国务院印发的《统筹推进世界一流大学和一流学科建设总体方案》明确提出,"双一流"建设的根本目标在于建成高等教育强国。各地出台的"双一流"建设政策文件也呼吁高校积极响应国家总体战略、服务地方社会经济发展,"双一流"建设不仅成为地区高等教育战略布局的重要组成部分,而且成为服务地区经济社会发展的重要举措。多数省份将"双一流"建设与本地宏观经济发展战略紧密融合,将"双一流"建设纳入地区"人才强省战略""两聚一高"战略和创新驱动发展战略中,通过提高生均拨款标准、拨付专项资金等方式,加大对"双一流"建设高校的支持力度。

从高校看,"双一流"建设名单中不少高校公开宣示了承担建设高等教育强国、提高国家综合竞争力的使命,但就学校的具体执行层面来讲,并非所有高校都能切实履行新的责任、展现新的状态、实现新的愿景,展现一种锲而不舍、坚韧不拔、不达目的不罢休的新精神。一方面,部分高校以步入或保持"双一流"序列为目标,为"双一流"而"双一流"。有的高校把"双一流"建设的目标逐层分解,将"双一流"建设符号化,这种做法在形式上有利于"双一流"建设的逐步推进,但过于机械化、数量化的实施路径,淡化了"双一流"建设的国家使命感和社会使命感。实际上,受目标达成和资源获取挂钩所驱动,跻身"双一流"建设名单、完成"双一流"建设既定指标,成为多数高校的首要关切。另一方面,"双一流"建设的愿景与教育教学行为出现不同程度的脱节。有的高校"双一流"建设理念未深入人心,处于金字塔塔基的普通教师和学生置身局外。有调查显示,"双一流"建设尚未给师生教与学的节奏、质量带来显著影响,师生对"双一流"建设的认同感和满意度不高。国外有研究表明,当成员有较高的组织认同时,员工就会与其他员工发生更多的合作行为,从而增加有利于组织的行为。[1]国内多项实证研究也发现,高校教师组织认同与组织行为存在显著正相关关系。[2]当前,"双一流"建设愿景的"悬置"影响了利益主体的组织认同度,不利于全面达成"双一流"建设成效。

(二)制度活力有待增强

2016年,《国家创新驱动发展战略纲要》确立了"三步走"战略,到2050年建成世界科技创新强国的目标,将创新作为国家意志和全社会的共同行动,立志走一条从人才强、科技强到产业强、经济强、国家强的发展新路径。高校是

---

[1] Bell S J, Menguc B. The employee-organization relationship, organizational citizenship behaviors and superior service quality [J]. Journal of Retailing, 2002 (2): 131-146.

[2] 黎光明,周国华. 一项结构方程模型分析:高校教师组织认同感与组织公民行为的关系 [J]. 心理研究, 2012 (5): 51-57, 69.

推动创新发展的生力军,能在各级各类人才的培养与输出、科技创新成果产出和专业服务的创造与扩展等方面做出巨大的社会贡献。"双一流"建设更是给高校服务社会提供了良好的契机,高校有望在教育强国、科技强国、人才强国、文化强国等战略层面大有作为。

一流大学最根本的特征是一流的制度,没有健全的制度机制,谈不上一流大学。[①]事实上,有的高校的制度机制无法承接"双一流"建设的现实要求。原因在于,一方面,传统观念根深蒂固,制度的路径依赖使学校的改革举步维艰。国家层面"双一流"战略带动了省域层面"双一流"建设的蓬勃开展,各地纷纷确定了建设国内一流的时间节点,朝着世界一流的终极目标迈进。我们进行比对后发现,一些高校深受原有制度机制的强势影响,内部治理的行政化倾向明显,譬如,自上而下的科研管理体制使科研资源畸形集中、科研成果低水平重复等现象依然存在;一些重点高校与省教育厅签订"双一流"建设目标责任书,以加快实现既定目标,体现出高校对传统发展逻辑的路径依赖,新的制度设计陷入旧有路径中无法发力。另一方面,一些学校的微观组织构架尚未跟进,组织运行模式僵化。"双一流"建设的中期考核,对照16个样本省份既定的"一流学科"建设目标,仅有4个省完成了目标,5个省完成了部分目标,其余7个省还离原定目标有较大距离。[②]目标的达成度折射出一些高校组织运行机制的滞后,校内锐意改革的动力不足,频繁地填表、开会等过多非学术事务影响了学术生产率,管理制度与新任务、新要求不相符。"双一流"建设施行至今,各方观念基础、人力资源供给、日常管理机制等配套建设尚未完全到位,一些学校的制度基础和潜在资源不足以支撑起"双一流"建设的宏伟目标。

(三)参与度有待提升

在国家"双一流"建设名单中,原"211工程""985工程"高校榜上有名;地方"双一流"建设中,高水平大学和特色优势学科成为政府的重点支持对象,呈现名校优势显著、普通高校冷清的局面。实际上,"双一流"建设不同于

---

① 黎光明,周国华. 一项结构方程模型分析:高校教师组织认同感与组织公民行为的关系[J]. 心理研究,2012(5):51-57,69.

② 教育之弦."双一流"中期考核即将来临,各省学科建设目标完成了几成?[EB/OL].(2018-07-02)[2018-07-08]. https://mp.weixin.qq.com/s/qoGbMfAp-Qz8D_o9fLCBvA.

原"211 工程""985 工程"最大的特征是动态调整机制，它打破了固化的身份制，建立起绩效考核和动态监测机制，引入第三方评价机制，形成有进有出的动态机制。各地明确规定了中期考核要求和动态监测要点，对建设成效显著、取得突出进展的高校，加大支持力度；对实施不力、成效不佳的高校，减少或停止支持。

在"双一流"建设的实施过程中，各方存在一定的认识偏差，校内非管理层的参与渠道不通畅，在某种程度上偏离了制度设计的本意。一方面，"双一流"建设对一些高校尤其是地方普通高校来说可望而不可及，出现消极"脱离"心态。访谈发现，一些地方普通院校管理者认为，"双一流"建设主要是重点高校的事，自己所在的学校发展基础不厚、特色学科不足，不具备与同行竞争的先决条件，只能充当"双一流"建设的配角，对"双一流"持淡漠或消极"脱离"的心态。另一方面，"双一流"建设高校中的非管理者的参与感不强，普通师生对"双一流"建设的回应性和投入度不够。在"双一流"建设的总体设计和具体实施中，处于教学一线的师生价值受到忽视，他们很难对学校决策与政策执行产生较大影响，导致其投入的精力和时间不足。其实，"双一流"建设不仅是重点高校的事，也是地方普通高校的事，所有高校都应在"双一流"建设的号召下不断追求卓越、精益求精；"双一流"建设不是"入列、定终身"，更是平等竞争、可进可出的动态机制；"双一流"建设不仅是校长、院长等管理层的事，更是全体教职工、学生的事，校内所有主体都是"双一流"建设的担当者、见证者和监督者。

二、内涵建设动能不足的根源

面对以"双一流"建设为牵引的内涵建设瓶颈，亟须剖析深层次原因，及早采取针对性措施，为激发新动能奠定认识基础。

（一）使命建设"悬置"与角色认知不到位

一方面，一些高校的使命"高高在上"，脱离了师生的日常教育与学习实践活动。调查发现，一些学校的使命是抄经典、喊口号、表决心的"老三段"，难以激发师生心底的认同感。尤其是面对高等教育大众化进程中一些学生人文素质下滑、教师重科研轻教学等现象，如果使命建设乏力，仅进行简单的概念"搬家"或生搬硬套，势必会弱化高校发展的动能。当前，师生一般不满足于某些立论的简单记忆，更注重得出立论的前提是否站得住脚和运用前提的推理方式是否无可指责；不满足于宏大叙事，更注重于细节处听惊雷，于日常处观风云；不满足于听上去很美的价值合理性，更关注将世界和人生变得更好的实践理性。使命建设是高校核心竞争力的标志，一所高校的使命是否清晰有力、广受认可、深入人心，是检验大学潜能的试金石。无论处于何种水平，抑或什么类型，都必须消除使命与日常教育教学活动的阻隔，让使命真正落地生根，使使命真正契合师生的言行，打造专属于学校的精神气质与个性品格。

另一方面，一些高校被片面视为获得谋生手段等短期目标的机构，即时目标和最终目标相脱离。赫钦斯（Hutchins）曾指出，流行的效用观念的麻烦之处在于它混淆了即时的目标和最终的目标。[①]从原来的"211工程""985工程"到如今的"双一流"建设，高校经历了一场场制度与环境的洗礼，在提高人才培养质量、服务国家民族进步需要、培养社会主义建设者和接班人方面卓有建树。同时，一些学校以自身地位提升为先、获取社会资源获得为重，服务国家和社会的意识不足。然而，高校存续的目的不是简单地获得经济利益，莫斯科大学校长萨多德尼奇（V. A. Sadovnichy）曾提出，如果大学被眼前的功利所诱惑，从而全面商业化，就会使社会倾向于生产纯粹实践性的或工具性的知识。[②]倘若大学被这种观念所左右，势必会陷入各种压力之中，很难在人才培养模式创新、重大科技发明、先进艺术创作等方面有大作为。从师生角度看，自我利益优先的思维也时有所见。其一，大学教职已成为不少人梦寐以求的谋生去向，"大学教师"身份所带来的社会地位、权力获得感和职业满意感等诸多利好，往往是高学历群体入职之初的主要动机，如何将教职工员工的个体利益诉求与教书育人的社会责任担当相结合，寻找个人利益和社会利益的完美结合点，应引起各方的足够重视。其二，接受高等教育成为年轻人获得体面工作、拥有美好生活的必备条件。学生与大学之间的关系，似乎正在向消费者与服务者的关系转变。一些学生片面地把大学当作走向社会、获得工作的"敲门砖"，忽视了大学在培养学生砥砺品格、实现志向、报效国家的价值引领方面的作

---

① 张学文. 大众化背景下大学使命的重新审视［J］. 北京师范大学学报（社会科学版），2006（6）：13-20.
② 转引自眭依凡. 大学使命：大学的定位理念及实践意义［J］. 教育发展研究，2000（9）：18-22.

第七章 高等院校氛围营造与文化传承

用。因此，有些怀揣着这种"功利主义"价值观的学生对高校建设往往是持"事不关己、高高挂起"的态度。

（二）制度机制固化与内外关系不顺

一方面，有的新规则与旧体制间的"排异反应"，阻滞了内涵建设的引领与带动作用。组织行为学论者认为，每到一个新的历史阶段，组织都应更新组织结构，以新的组合与互动模式应对新形势与新任务。[①]"双一流"建设推动高校进入内涵发展的新阶段，高校人应不辱使命，自觉摒弃"等、靠、要"的传统思维模式，以适应时代需求的发展思路主动争创一流，发挥好"双一流"建设对高校的引领及导向作用。从"双一流"的建设实践来看，二者之间出现了不同程度的"排异反应"，无论是高校的组织架构还是组织行为模式，尚未发生适应性变化，"双一流"建设依旧囿于传统的组织模式，发展空间受到较大限制，改革成效和预期目标存在一定的距离。以财务制度为例，专项经费支出、科研经费支出等方面的自主权依然不足，预算编制的规范性有待提高，过去的经费管理方式与新情况新形势不适应，与学校和师生全面发展的需要不适应；缺少经费使用自主权的高校，改革创新动力大大减弱。如何借助"双一流"建设，释放出足够的制度机制空间，促进活力迸发，使得高校按照规律办学、不断提升人才培养质量、增强核心竞争力，理应引起足够的重视。

另一方面，有的高校深受"合法性机制"的制约，内外关系出现一定程度的扭曲。哈耶克（Hayek）认为，人类制度是由无意识的习惯转化而成的规则，是人与环境互相调适的产物。[②]这种与环境互相作用产生的秩序，虽是汇聚心智、统筹谋划的结果，但秩序的确立及稳固离不开适合的外部环境，也需要和谐的内外部关系。"双一流"建设是一项自上而下推行的国家重大战略，政府给高校足够的财政支持、政策优惠的同时，也间接干预着高等教育的目标与职能，高等教育内部系统的生长与发展受到一定程度的限制。遵守政府制定的法律、规则或规范，是应有之义，也在情理之中。同时，在高等教育竞争异常激

[①] 转引自闫丽雯，周海涛. 激发"双一流"建设的新动能[J]. 教育发展研究，2018（Z1）：9-13, 29.

[②] 弗里德利希·冯·哈耶克. 自由秩序原理[M]. 邓正来，译. 北京：生活·读书·新知三联书店，1997：200.

· 197 ·

烈的今天，外部导向的发展逻辑需要调适。外部的资源支持能在短期内提高学科和学校排名，但若不对内部组织架构进行适度革新、改进落后的岗位组合方式，就不能充分、持续释放制度红利。当然，制度活力的激发并非一蹴而就，而是一个不断更迭变化的过程，应坚持循序渐进的改革原则，"小步快走"，不停步、不止步，确保"双一流"建设的平稳推进。

（三）共建共享气氛不浓和主体意识不强

一方面，一些高校共建共享型组织气氛不浓，"双一流"建设是少数人的活动。艾米特·S.雷德福特（E. S. Redford）提出"民主理想的实现取决于利益代表是否被包括在决策者的互动过程中"[①]。这表明，民主的组织是以个人潜能的完全实现为依据的，它承认所有的人都有权得到社会体系关注，财富或地位的差别不能作为给予一个团体或另一个团体特殊利益的理由，因此，现代组织中的每个个体都享有参与权，个人参与对公共政策的民主性、科学性、执行性至关重要。从现实看，一些高校的重大决策主要是校内各级管理者的事情，他们享有决策及执行权。行政权力中心主要停留在上位，普通师生理应享有的知情权、参与权和监督权未得到切实保障，不少高校的教职工代表大会、学生代表大会等参与治理机构或尚未健全或未发挥作用，师生对"双一流"建设的意见很难进入学校决策方案，抑制了群策群力的动员功效和聚合气氛。

另一方面，一些师生的主体意识不强。客观地讲，多数公办高校是近似政府的科层制架构，往往采用结构-功能模式，内部由多个职能部门构成，每个部门承担相应的政策制定、执行等职责，但各部门的注意力仅限于小范围之内，有自己的利益关切点和利益团体支持。部门内部人员的职位有高、低之别，业务技能有专、泛之别，从而产生了部门的权力核心，构成了各部门多权力点并行的权力网。目前，一些高校职能部门首先承接了"双一流"建设的统筹布局、职能分工、贯彻执行等工作，并优先享有了对各项具体工作的裁定、调配权，居于一线的师生大多只能执行各职能部门设定的任务。师生参与学校治理的主体意识受到削弱，参与意识逐级递减，较难在"双一流"建设中发声，被动执行任务日渐成为一些师生的常态。

---

① 转引自罗伯特·B.登哈特. 公共组织理论［M］. 扶松茂，丁力，译. 北京：中国人民大学出版社，2011：99.

三、积淀激发教育共同体新动能的土壤

高校需适应新的时代形势,摒弃传统"等、靠、要"的发展路径,积极主动地推动组织和行动模式变革,激发教育共同体的新动能。

(一)在坚守责任的基础上重塑高校组织愿景

大学使命是大学经久不衰的力量源泉,能使师生深切感受到工作意义,体验到职业任务之外的精神满足。作为思想、文化、科技策源地的特定组织,大学以其内在的人文特质和独特的组织特性,以人才培养、科研贡献、社会服务、文化传承等方式扮演着"社会发动机"的角色,深刻影响着社会、经济、政治等领域的变革创新。目前,大学的使命建设还不足以完全激发大学的社会责任,大学使命的内"植"与外"化"程度还远远不够,坚守大学使命,重塑高校组织愿景,需要做好以下工作。

一方面,坚守教书育人的根本使命,自觉担当"双一流"建设的时代责任。自古以来,大学的社会责任担当主要有两个层面:一是在整体上以人才培养为根本,教学、科研、服务和文化相互促进的"一本多元"责任体系;二是在人才培养上以个性发展和社会责任为核心,德、才、情、志等多极支撑的"双核多极"格局。[①]一代高校人有一代高校人的责任。"双一流"建设高校要率先建成一流学科和专业,发挥引领和示范作用,不断优化学科生态,完善学科调整机制;应用型本科高校要结合自身的办学特色,对接地方经济社会发展需求,努力凝练专业和学科特色,增强地方高校服务经济社会的能力。

另一方面,确定清晰有力、求真务实的组织愿景。高校应采用细化和分解措施促进大学使命的下移,避免大学使命的"悬置"和"真空化",使之成为师生学习和生活的主要精神依托,共同肩负起新时期"双一流"建设的时代使命。一流学科是世界一流大学的基石,高校应以一流学科建设为突破口和着力点,逐步向世界一流大学的长远目标迈进。校内二级学院要围绕学科优先发展的基本方向,对学科发展现状进行系统预判与诊断性评估,全面廓清各类学科的绝对和相对地位,综合研判学科的优势、劣势、机遇与风险,开展一对一的

---

① 周海涛. 大学社会责任培育的历史嬗变、国际经验和中国探索[J]. 北京师范大学学报(社会科学版),2014(1):12-17.

对标分析，找准学科发展的短板，连同所有师生群体，共同制定针对性的学科发展愿景与目标，并转化为师生乐意接受的精细目标，激励师生不断探索，保持积极向上的学习和工作状态。

（二）通过权力下移与组织结构微调重塑制度活力

"双一流"建设总体方案将"完善内部治理结构"作为五大改革任务之一，2017年开启的高等教育领域"放管服"改革同样强调破除束缚发展的体制机制障碍。高校亟须采取有力措施，完善中国特色现代大学制度，为"双一流"建设注入制度活力。

一方面，分散管理权力，建立高赋权管理模式。管理者通常是负责决策和行动而又有助于提高组织工作效能的人。最好的分工是让专业的人做专业的事，尤其是面对一些高校权力主要聚集在少数部门和管理者身上，非核心部门的话语权不强、非管理层的普通师生多是政策的执行者的状况，宜动态调整权力布局结构，避免权力的高度聚集，将权力适当分散到专门的职能部门中去，使之最大限度地发挥专业和技能特长，打造高赋权、高效率的高校治理新模式，确保非管理层师生的参与治理权，让"双一流"建设聚集"人气"。

另一方面，加强岗位职责的模块化管理，建立动态的岗位职责调整机制。岗位职责越是模糊，组织的管理成本与代价便越大；权利责任的边界越清晰，工作效率越高。高校各级管理者应定期回顾各职能部门的职责分工，总结分析职责分工的合理性，梳理各方职责落实情况，考察不同职责边界，及时进行修正。此外，面对外部环境变化引起的学校目标变动，高校需建立动态的模块化岗位职责机制，将同一职能部门的多个职责视为一个模块，通过更新、调整模块实现岗位职责优化，保持职能部门的持久活力，增强高校组织运行的灵活性。

（三）以共享共建理念重塑主体的能动性

"双一流"建设目标的达成，不能仅靠各级政府的政策和资金支持，还需要发挥高校的主动意识和自觉精神；不仅需要重点高校发挥表率及示范作用，还需激发地方普通高校自我更新的积极性；不仅是高校管理层的职责，也应成为各类主体参与学校共治的重要组成部分。

一方面，积极遵从"双一流"建设要求，营造"群策群力"的共治氛围。除非员工清楚地看到高层管理者承诺变革并改进组织，否则他们不可能参与变

第七章 高等院校氛围营造与文化传承

革。①无论是高水平高校还是普通高校,都应把建设一流大学和一流学科作为学校发展的长期目标,参照世界一流大学和一流学科的标准,找准自身差距,采取针对性的改进措施。要警惕第一轮"双一流"评选结果带来的负面影响,给予高校正确的方向引导,构建良性的竞争机制,保持非"双一流"建设高校的发展积极性,使所有高校主动融入高等教育改革进程。共享型文化是保持授权型组织不会瓦解的黏合剂,共享的价值观也是保持高校结构稳定、确保"双一流"建设预期成效的关键一环。高校应强化内部非管理层的主体意识,充分信任一线师生,尊重师生的智慧,促使所有师生依照共享价值观做事,共同应对高校的外部挑战。

另一方面,重视师生心理所有权,强化师生的主体意识。心理所有权即个体享有知情权、发言权等基本权利,能与组织共同承担责任和风险,并引发个体信息搜寻、组织公民行为等与权责相关的行为。国内外实证研究表明,心理所有权对员工积极的工作态度(如组织承诺、工作满意度)和行为(如工作绩效、组织公民行为)有促进作用。②当前,有的师生对"双一流"建设认识不足,将之视为"211工程""985工程"的翻版;也有师生缺乏足够的"双一流"建设效能感,对学校能否建成世界一流大学和一流学科,持淡漠心态。学校亟待通过自上而下的信息公开,公示改革发展的基本信息,自觉接受全体师生的共同监督。应引导所有高校人成为"双一流"建设的新主体,重视他们的"心理所有权",增强主体对高校的责任感,使之意识到"双一流"建设绝非个别高校、个人主体的事,所有学校、每个成员都应主动担负起应有的职责。③

---

① 杰拉尔德·格林伯格. 组织行为学[M]. 5版. 王蕾,译. 上海:格致出版社,上海人民出版社,2011:346.
② 李锐,凌文辁,柳士顺. 组织心理所有权的前因与后果:基于"人-境互动"的视角[J]. 心理学报,2012(9):1202-1216.
③ 闫丽雯,周海涛. 激发"双一流"建设的新动能[J]. 教育发展研究,2018(Z1):9-13,29.

后　记

高等教育作为教育、科技、人才三位一体的重要结合点，肩负着特殊且重要的责任与使命，在推动国家核心竞争力提升、实现民族复兴、建设教育强国的过程中发挥着龙头作用。高等院校作为我国人才培养、科学研究、社会服务的主阵地，其治理现代化不仅关乎教育质量的提升，更关乎国家现代化的整体进程。因此，推动高等院校内部治理体系和治理能力现代化，既是高校自身改革发展的关键议题，也是以治理现代化促进教育强国建设、支撑中国式现代化的战略支点。

在新的历史时期，我国高等院校治理面临着前所未有的机遇和挑战，需要稳慎总结和提炼相关理论与实践经验。笔者长期从事高等院校治理的教学与研究工作，积累了一些学习体会和思考心得。本书的内容主要来源于高等院校治理领域的课程教学讲义及相关研究文成果。本书是多年来对高等院校治理这一复杂议题的初步探讨，是北京市宣传文化高层次人才培养资助项目、北京师范大学教育学科一流培优项目成果之一，希望能为推动我国高等院校内部治理体系和治理能力现代化进程略尽绵薄之力。

在本书的整理和撰写过程中，笔者学习借鉴了本领域诸多高德大贤的睿思智想，得到了许多同仁和学生的帮助与支持，特此表示感谢！书中除了参考本人独立撰写的文章外，也有一部分是笔者与景安磊、刘永林、胡万山、闫丽雯、郑淑超、林思雨等合作的成果。在书稿整理过程中，林思雨、孙钦涛、胡

后　记

爱迪参与了前期课程讲义的记录和整理工作，林思雨、郝薇薇参与了格式调整、文字校对等工作。另外，本书的出版得到了科学出版社的大力支持，在此向他们表示诚挚的谢忱！

需要说明的是，教育改革的道路充满挑战，高等院校治理现代化的进程更是任重道远。殷切盼望拙作能够抛砖引玉，引发大家对高等院校治理现代化的持续关注和探讨。书中的观点和看法仅为阶段性一隅之见，难免存在疏漏和不足之处，恳请广大读者和同行不吝批评指正，共同为我国高等教育的发展贡献力量。

周海涛